Harald Klinke, Lars Stamm (Hg.)
Bilder der Gegenwart
Aspekte und Perspektiven des digitalen Wandels

Harald Klinke, Lars Stamm (Hg.)
Bilder der Gegenwart
Aspekte und Perspektiven des digitalen Wandels

Graphentis Verlag

Titelbild:
Christiaen van Couwenbergh (1604-1667): Junge Frau mit Früchtekorb, 1642
Leinwand, 107,5 x 93 cm, Kunstsammlung der Universität Göttingen (Katalognummer 22), Leihgabe der Bundesrepublik Deutschland (Inv.-Nr. mü5162)
Collage: Julia Catherine Berger, Henriette Roth

ISBN 978-3-942819-02-2

Das Projekt „Forschungsorientiertes Lehren und Lernen" wird gefördert durch das gemeinsames Bund-Länder-Programm für bessere Studienbedingungen und mehr Qualität in der Lehre.

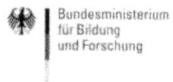 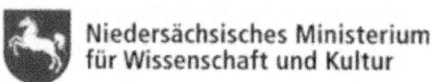

1. Auflage
© Graphentis Verlag e. K., Göttingen 2013
Herstellung: Books on Demand GmbH, Norderstedt

Inhaltsverzeichnis

Vorwort 3

I. **Bildbegriff: Probleme und Lösung**

Harald Klinke: Bildwissenschaft ohne Bildbegriff.................................. 11

II. **Bildschnittstelle: Blick und Interaktion**

Thomas West: To interact or not to interact – Die differentia specifica des Digitalbildes.. 33

Lars Stamm: Google Glass: Das digitale Bild im Blick 57

III. **Bildpraxis: Fotografie und Alltagskultur**

Julia Catherine Berger: Stets in greifbarer Nähe – Das Phänomen Fotobuch... 83

Henriette Roth: Die Rolle der Smartphone-Fotografie und Sozialer Netzwerke in der Entstehung einer neuen Bildästhetik und neuer Bildtypen 103

IV. **Bildmarkt: Handel und Veränderung**

Simone Anna Blumenthal: Digitaler Wandel im Kunsthandel?..................... 131

V. **Anhang**

Umfrage 153

Index... 161

Vorwort

Die Kunstwissenschaft hat sich nie alleine auf die Geschichte des künstlerischen Bildes begrenzt. Sie untersucht vielmehr – eng verbunden mit einer Kultur- und Sozialgeschichte – eine Entwicklung der Bilder und ihrer Medien. So stand beispielsweise nicht nur die Malerei, sondern auch die Reproduktionsgrafik in ihrem religiösen und politischen Kontext im Zentrum eines Verständnisses der Frühen Neuzeit. Ebenso wurde die Fotografie als neues Bildmedium von Künstlern, Sammlern und bald auch von der universitären Kunstgeschichte als Objekt kulturellen Ausdrucks verstanden.

Heute ist es weit verbreitet, mit einer Digitalkamera Fotos zu machen und diese an Freunde zu verschicken. Zunehmend ist das Handy und seine integrierte Kamera das Gerät, mit dem Bilder produziert und in soziale Netzwerke hochgeladen werden, um mit ihrer Hilfe visuell zu kommunizieren. Hochauflösende Computergrafik ist in Spielekonsolen längst üblich. Digital hergestellte und verarbeitete Bilder sind in Werbung, Wissenschaft und Technologie nahezu allgegenwärtig. Kurz: Das digitale Bild stellt heute ebenso eine revolutionäre Veränderung dar, wie die etablierten Bildmedien, die in der Geschichte des Bildes auch einst neu waren.

Gottfried Boehm forderte 1994 die Gründung einer Bildwissenschaft aufgrund der durch die elektronischen Medien angestoßenen Bilderflut.[1] Heute, fast 20 Jahre

---

[1] Gottfried Boehm, „Die Bilderfrage," in *Was ist ein Bild?*, hg. v. Gottfried Boehm (München: Fink, 1994), S. 325-343.

später, muss festgestellt werden, dass die digitalen Bildmedien zu einer wahren Springflut geführt haben und wir bisher kaum verstanden haben, was dieses neue Bildphänomen ausmacht, wie es sich von den bisherigen Bildmedien unterscheidet und wie es die Art und Weise verändert, wie Menschen Bilder produzieren und sich mit diesen Bildern verständigen.

> Das Medium oder der Vorgang unserer Zeit – die elektrische Technik – formt und strukturiert die Muster gesellschaftlicher Beziehungen und alle Aspekte unsres Privatlebens um. Wir werden gezwungen, praktisch jeden Gedanken, jede Handlung und jede Einrichtung zu prüfen, die einst als selbstverständlich galten, neu zu überprüfen und zu bewerten. Alles ist im Wandel begriffen – du selbst, deine Familie, deine nähere Umgebung, deine Bildung, dein Beruf, deine Regierung und deine Beziehung zu ‚den anderen'. Und zwar wandelt sich alles auf dramatische Art.[2]

Marshall McLuhan beschrieb im Jahr 1967 eine Welt, die sich im Wandel befindet und die ihre ersten zaghaften Schritte in Richtung Digitaltechnik unternimmt. Heute sind wir technisch deutlich weiter. Und doch ist es nicht viel, was wir über digitale Bilder wissen. Wir staunen zwar nicht mehr, wie bei der Betrachtung der frühen Computergrafik, weil wir die mooreschen Potenzierungen der Leistungsfähigkeit von Computern und die damit zusammenhängende Zunahme von Daten lange schon als Selbstverständlichkeit hinnehmen. Aber der digitale Wandel ist weiter dramatisch.

Und wenn über einen Wandel gesprochen wird, dann bezieht sich dies nicht nur auf den Anstieg der ans Internet angeschlossenen Haushalte, auf die gestiegenen Verkaufszahlen von Computern und Smartphones oder auf die erzwungene Web-Präsenz eines jeden Menschen und jeder Einrichtung – egal ob Universität oder Unternehmen. Die Veränderungen betreffen auch die grundlegenden Prozesse der eigenen Institution. So ist die Ersetzung der kunstwissenschaftlichen Diathek als zentralem visuellem Wissensspeicher durch digitale und vernetzte Bilddatenbanken meist längst vollzogen, ohne dass man sich im Klaren darüber ist, welche Folgen dies für den Wissenschaftsbetrieb haben wird. Man mag es betrauern, aber es ist ein unumkehrbarer Weg von den rauschenden Diaprojektoren zu einem einzelnen Beamer. Die Entscheidung ist zugunsten der digitalen Bilder und Texte gefallen, die als ganzes Archiv auf einer günstigen und handlichen Hardware gespeichert werden können.

Das ist der neuralgische Punkt, an dem es aufzuhorchen gilt: Was bedeuten eigentlich diese Bilder, mit denen wir es uns in unserer Welt eingerichtet haben?

---

[2] Marshall McLuhan, *Das Medium ist Massage* (Frankfurt/M.: Ullstein, 1984), S. 10.

Vorwort

Inwieweit sind sie zum Mobiliar unseres Bewusstseins geworden, das wir ständig bei uns tragen, ohne dass wir die wichtige Frage stellen, wer denn hier eigentlich wen besitzt? Ist die digitale Technik nicht viel mehr zu einer Immobilie geworden, die wir bezogen haben, aber deren Eigentümer wir schon längst nicht mehr sind? Wir sind nur noch Mieter im Cyberspace, die notgedrungen mit ihren Daten bezahlen, an Datenspekulanten und Geheimdienste. Die Digitalität (als Gesamtheit aller digitalen Bilder, Texte und Verwendungen) ist uns zur zweiten Natur geworden. Es sind keine visuellen Wunder mehr, längst ist jede sakrale Anmutung im Angesicht der Technik verloren gegangen. Schon lange besitzt die Digitalität in der westlichen Zivilisation keine Exklusivität mehr – sie ist ein Allgemeingut.

Gerade aus diesem Grund kann eine historische Disziplin, wie die Kunstgeschichte, einen wichtigen Beitrag zu einer Wissenschaft des digitalen Bildes leisten. Ihre Erfahrung mit reproduzierbaren Bildmedien, mit der Bilderwelt quer zu den Medien und mit den Auswirkungen von neu aufkommenden Bildmedien qualifiziert sie dazu. Deshalb haben Dr. Harald Klinke und Dr. Lars Stamm an dem Kunstgeschichtlichen Seminar der Universität Göttingen ein Projekt zum digitalen Bild gestartet.

Im April 2013 hat unter dem Titel „Euphorie und Angst – Reaktionen auf neue Bildmedien im digitalen Zeitalter" eine interdisziplinäre Tagung stattgefunden, an der neben Kunsthistorikern auch Soziologen, Informatiker und Vertreter der Digital Humanities teilnahmen. Der Ansatz dieser Tagung lag darin, dass neue Bildmedien stets neue Ängste hervorbrachten. Diese Ängste liegen möglicherweise einfach in der Neuheit des Phänomens und seiner anfänglichen Unverständlichkeit, möglicherweise aber auch in der Macht und Magie des Bildes selbst. So wurden die rechtlichen Probleme von Google Street View (Verpixelung) und Facebook (*Face Recognition*) als Phänomene gegenwärtigen Ikonoklasmus verstanden. Davon ausgehend beschäftigten sich zahlreiche Vortragende mit historischen, gesellschaftlichen und technischen Implikationen des digitalen Bildes.[3]

Diese Tagung stellte gleichzeitig den Auftakt zu einem studentischen Forschungsprojekt dar, das aus Mitteln der Universität Göttingen unterstützt wurde. Unter dem Leitmotiv „Bilder der Gegenwart" hat sich eine Gruppe von Bachelor- und Master-Studierenden aus den Fächern Kunstgeschichte, Philosophie und Kulturanthropologie mit verschiedenen Facetten des digitalen Bildes auseinandergesetzt. Dabei stand eine wissenschaftliche Beschäftigung mit Bildern im Zentrum, die gerade nicht den fototheoretischen Gemeinplatz bestätigen sollte, dass der

---

[3] Das Programm der Tagung ist zu finden unter: http://www.uni-goettingen.de/de/document/download/78e64719cb9175b11c99e92340b1530b.pdf/Tagung_Digitabild_Goettingen.pdf.

Unterschied zwischen analoger und digitaler Fotografie alleine im Sprung von der kontinuierlichen Bildoberfläche zum diskreten Bildpunkt liegt. Das Anliegen aller Teilnehmer dieses Projektes war vielmehr, sich mit dem digitalen Bild aus einer dezidiert bild- und kunsthistorischen Perspektive heraus zu beschäftigen, die stets offen bleibt für interdisziplinäre Kontakte. Ein Ergebnis dieses Projektes – neben einem Symposium, das im November stattfindet – ist die vorliegende Publikation.

In seinem Beitrag geht Thomas West der These nach, ob sich das digitale Bild durch seine viel beschworene „Interaktivität" von analogen Bildern unterscheidet. In seiner engmaschigen Untersuchung des Begriffs kann er mit zahlreichen Beispielen die Behauptung schlüssig widerlegen und problematisiert damit die spezifische Differenz zwischen alter und neuer Technologie.

Julia Catherine Berger und Henriette Roth entwickelten eine Umfrage, die sich mit der Bildpraxis der digitalen Fotografie auseinandersetzt. Alleine der starke Rücklauf dieser Umfrage zeigt das große Interesse an diesem Thema. Die Auswertung machte die Gemeinsamkeiten deutlich, aber auch die Unterschiede, die digitaler und analoger Fotografie zugeschrieben werden.

Die digitale Fotografie ist ein Sonderfall des digitalen Bildes. Dies gerade, weil sie sich in der Bildpraxis in die traditionellen Strukturen der analogen Fotografie einzufügen scheint. Das Bestellen von Abzügen vom Negativ und das nostalgische Einkleben in Fotoalben, die hin und wieder hervorgeholt werden, um sich seiner eigenen Biografie visuell zu versichern, wird heute ganz ähnlich weitergeführt. Frau Berger untersucht daher das Phänomen der Fotobücher, die mithilfe einer Auswahl von digitalen Fotos erstellt werden und nur scheinbar in einem Kontinuum mit Fotoalben stehen.

Frau Roth nimmt sich speziell der Fotografie mit dem Smartphone an. Sie macht deutlich, dass die Einsatzmöglichkeiten des mobilen Endgerätes zu einer neuen Ästhetik und zu neuen Formen künstlerischen Ausdrucks führen. Für diese Art der Fotografie ist die Verbreitung über soziale Netzwerke von entscheidender Bedeutung. Erst die Möglichkeit der Vernetzung verschafft dem digitalen Bild neue Formen der Rezeption, die wiederum auf die Ästhetik zurückwirkt.

Im Zuge einer globalen Vernetzung ist es interessant zu beobachten, wie gerade der Kunstmarkt auf das Potenzial des digitalen und vernetzten Bildes reagiert. Simone Anna Blumenthal zeigt, wie sich Geschäftsmodelle der Auktionshäuser verändern, wenn Werke über das Netz versteigert werden. So wird einerseits dem Kunstwerk als Originalobjekt Rechnung getragen, andererseits haben die Auktionshäuser besondere Strategien entwickelt, um die mediale Lücke zwischen Objekt und Käufer zu schließen.

Komplettiert wird diese Textsammlung durch Beiträge von Harald Klinke und Lars Stamm. Herr Klinke nimmt sich der Aufgabe an, die Begrifflichkeiten um das digitale Bild zu klären. Dabei geht er von der Entwicklung der Kunst- und Bildwissenschaft aus, die den Terminus „Bild" nie genau definierten. Diese Problematik entgegnet er mit dem Vorschlag, den historisch entwickelten Bildbegriff vollständig zu streichen und durch eine treffendere Nomenklatur zu ersetzen.

Herr Stamm greift aktuelle technische Entwicklungen auf, indem er die Eigenschaften von Geräten wie *Google Glass* in Bezug zum Blick setzt. Hierbei handelt es sich nicht um die tatsächliche Erweiterung der sichtbaren Realität, sondern um Konzepte, die bereits in anderen narrativen Zusammenhängen, beispielsweise im Film, vorweggenommen wurden und gegenwärtig ihre Umsetzung finden.

Die Forschungsgruppe möchte sich bei dem Kunstgeschichtlichen Seminar und der Universität Göttingen für die Unterstützung dieses Projektes bedanken, durch die erst die Möglichkeit geschaffen wurde, an einem aktuellen Thema aus einer historischen Perspektive heraus zu arbeiten. Die Organisatoren möchten vor allem den teilnehmenden Studierenden für ihre engagierte Mitarbeit danken sowie für die Organisation des Symposiums.

Göttingen, Oktober 2013
Harald Klinke, Lars Stamm

I. Bildbegriff: Probleme und Lösung

Bildwissenschaft ohne Bildbegriff

Harald Klinke

Im Jahr 1994 konstatierte Gottfried Boehm eine Bilderflut durch die elektronischen Medien: Niemals zuvor in der Weltgeschichte, so schrieb er, waren wir von so vielen Bildern umgeben wie heute. Während für Text und Sprache seit Langem eine umfangreiche Sprachwissenschaft entwickelt wurde, sollte der Bilderflut folglich eine vergleichbare Bildwissenschaft entgegengestellt werden, in deren Zentrum die Frage stehen soll: „Was ist ein Bild?"[1]

Doch der Bildbegriff ist unscharf. In ihm steckt die Gefahr des breiten Verständnisses von „Bild", unter dem viele, sehr unterschiedliche Phänomene verstanden werden können, die letztlich nicht vergleichbar sind. Daher bezeichnet Hans Belting den Bildbegriff als „Narkotikum".[2]

Ein Narkotikum vernebelt die Sinne, sodass man schließlich nicht mehr sicher ist, nach was man eigentlich sucht. Das Narkotikum „Bild" führt gerade in der interdisziplinären Zusammenarbeit zum Problem der Begriffsverwirrung. Spricht der eine über das künstlerische Gemälde, der andere von einem Ergebnis bildgebender Verfahren und der Dritte von inneren Bildern, wird deutlich, dass dies zu Missverständnissen führen muss. Aber selbst innerhalb der künstlerischen Bilddebatten wird gerade im interkulturellen Dialog nicht selten von unterschiedlichen

---

[1] Gottfried Boehm, „Die Bilderfrage," in *Was ist ein Bild?*, hg. v. Gottfried Boehm (München, Fink, 1994), S. 325-343.
[2] Hans Belting, *Bild-Anthropologie. Entwürfe für eine Bildwissenschaft* (München: Fink, 2001), S. 11.

Voraussetzungen ausgegangen. So steht das klassische Tafelbild in der westlichen Welt in einem anderen kulturellen und funktionalen Zusammenhang als beispielsweise die asiatische Bildrolle.[3]

Soll nun von der Diagnose, dass wir es zunehmend mit Bildern zu tun haben, ausgehend das Bild erforscht werden, so steht die Definition des Bildes an erster Stelle. Natürlich kann man argumentieren, dass man zur Etablierung einer Wissenschaft nicht unbedingt eine exakte Definition des Untersuchungsobjektes benötigt. Das recht heterogene Fach Kunstgeschichte beispielsweise, das von den Bereichen Malerei, Skulptur, bis hin zur Architektur und weit darüber hinaus reicht, kann wohl kaum definieren, was „Kunst" ist. Sie kann sich dieser Frage höchstens in ihrer historischen Kontingenz nähern. Auch die Physik wird sich wohl kaum mit Definitionsfragen ihres Faches aufhalten, bevor sie mit Experimenten beginnt. Und doch sind diese beiden Disziplinen erfolgreiche Wissenschaften. Ist es also notwendig, der Bildwissenschaft ihren Aufgabenbereich zu definieren? Ja, nämlich dann, wenn der zentrale Begriff ein Narkotikum ist, das davon abhält, die richtigen Fragen zu stellen. Es handelt sich nicht nur um ein Wort, das man auch durch ein beliebiges anderes ersetzten könnte. Vielmehr steckt dahinter bereits eine Vorstellung davon, was gefunden werden soll. Ist die mit diesem Begriff verknüpfte Auffassung im ersten Schritt bereits unzureichend, verwirrend oder falsch, so wird bereits der zweite Schritt in die falsche Richtung führen.

1. Pluralität der Bilder

Wie also kann man dem Narkotikum Bildbegriff entkommen? Der erste Lösungsansatz liegt in der genaueren Definition. Spricht man nicht nur von dem Bild, sondern präzisiert, von welchem Phänomen man spricht, so wird gleichzeitig das Feld deutlich, das die Bildwissenschaft umfasst. Aus einer kunstgeschichtlichen Bildwissenschaft heraus ist zunächst das künstlerische Bild von Bedeutung. Die Kunstwissenschaft hat eine große historische Kompetenz mit diesem Bildtyp, der zentral ist für die Entwicklung auch anderer Bilder. Schließlich war lange Zeit die Geschichte des Bildes deckungsgleich mit der Geschichte der Kunst.[4] Aus diesem Grund kann die Kunstwissenschaft einen wichtigen Beitrag zu einer interdisziplinären Bildwissenschaft liefern. Nicht zuletzt auch deshalb, weil die Kunstwissenschaft sich nicht nur mit der Kunst, sondern auch mit der Geschichte ihrer Medien

---

[3] Belting, a.a.O., S. 50.
[4] Horst Bredekamp, „Bildwissenschaft," in *Metzler Lexikon Kunstwissenschaft*, hg. v. Ulrich Pfisterer (Stuttgart, Darmstadt: Metzler, 2003), S. 56ff.

beschäftigt hat, die schließlich zu zahlreichen bildgebenden Verfahren führte. Darunter ist die Fotografie vermutlich das wichtigste und revolutionärste gewesen. Sie findet selbstverständlich ebenso in einem künstlerischen Kontext statt, die Einsatzmöglichkeiten sind jedoch fast grenzenlos, denkt man nur an das weite Feld der Amateurfotografie. Hinzu kommen technische Bilder, wie sie vorwiegend in den Naturwissenschaften eingesetzt werden. Aber auch Effigies, Wachsfiguren etc. sind zweifellos als Bild zu verstehen.[5]

Und schließlich ist das sogenannte innere Bild („mentales Bild") ebenso integraler Bestandteil der Bildwissenschaft. Hierin liegen die größten Fallstricke versteckt, denn dieses sogenannte innere Bild ist grundsätzlich anders beschaffen als das äußere. Hier unterscheiden andere Sprachen viel deutlicher, beispielsweise im Englischen zwischen *image* und *picture*.[6] Eine Bildwissenschaft, die sich nur auf das eine oder andere begrenzen würde, wäre wohl nur eine unvollständige Wissenschaft, die das Phänomen *Bild* nicht ausreichend erklären könne, stehen innere und äußere Bilder doch in einem grundsätzlichen funktionalen Wechselverhältnis: Es ist erst der Mensch, der Bilder wahrnimmt und der Bilder erzeugt.

Diese Aufzählung macht deutlich, dass der Begriff „Bild" jedenfalls zu allgemein ist, um alleinstehend verwendet zu werden. Soll in einen wissenschaftlichen, interdisziplinären Dialog eingetreten werden, muss präzise festgelegt werden, von welchem Bild gesprochen wird, indem dem Begriff „Bild" ein jeweiliges Adjektiv vorangestellt wird: künstlerisches, nicht-künstlerisches Bild, gegenständliches, abstraktes Bild, inneres, äußeres Bild etc.

Diese attributive Bilddefinition führt zwar scheinbar zu einer Präzisierung der Begrifflichkeit, gleichzeitig jedoch auch zu einer Komplexität, die man weit vorantreiben könnte. Stellt man sich die miteinander in Beziehung stehenden Bildbegriffe in einem Netzwerkdiagramm vor, wird deutlich, dass auf diese Weise kaum eine Bildwissenschaft etabliert werden kann, die für alle diese Bilder eine umfassende Theorie etabliert. Dies wird an der nun fast 20-jährigen Entwicklung der Bildwissenschaft deutlich: Zwar wird auf der einen Seite, vor allem aus Richtung der Philosophie, eine universelle Bildtheorie versucht, doch mangelt es dieser meist an Allgemeingültigkeit. So wird sich bereits in den Prämissen auf ein zweidimensionales Objekt beschränkt.[7] Auf der anderen Seite gibt es, vor allem aus der

---

[5] Vgl. Belting, a.a.O., S. 16.
[6] Vgl. a.a.O., S. 15
[7] Vgl. Lambert Wiesing, *Die Sichtbarkeit des Bildes. Geschichte und Perspektiven der formalen Ästhetik* (Frankfurt/M., New York: Campus Verlag 2008), Klaus Sachs-Hombach, „Konzeptionelle Rahmenüberlegungen zur interdisziplinären Bildwissenschaft," in *Bildwissenschaft. Disziplinen, Themen, Methoden*, hg. v. Klaus Sachs-Hombach (Frankfurt/M.: Suhrkamp, 2005), S. 13.

Richtung der Kunstgeschichte, die Bestrebung, in Form von Fallstudien einzelne Phänomene in einen historischen Kontext zu stellen.[8] Auf diese Weise wird jedoch ein Flickenteppich an Studien entwickelt, die für sich genommen oft einen hohen Erkenntniswert besitzen, in der Summe jedoch an Zusammenhang vermissen lassen.

Diese Komplexität des so aufgespaltenen Bildbegriffs und die folglich unzusammenhängende Forschung ist jedoch nicht das eigentliche Problem. Das Problem ist, dass der Bildbegriff auch auf diese Weise ein Narkotikum bleibt. Der Terminus scheint all diese Phänomene zu vereinen, wo es möglicherweise nichts zu vereinen gibt. Der Terminus stammt aus einer Zeit vor dem *iconic turn*, als noch keine adäquate Herangehensweise für die Struktur des visuellen Mediums gefunden wurde, und führt nur scheinbar zu einer Verbindung zwischen den Feldern, in Wahrheit jedoch zu einer Verunklarung, die immer wieder die entscheidenden Aufgaben aus den Augen verlieren lässt.

Begriffe sind notwendig, um Gedanken zu fassen und zu kommunizieren. Gleichzeitig determinieren sie das Denken.[9] Wer beispielsweise von einem „inneren Auge" spricht, wird sich dem Wesen der bildlichen Vorstellungskraft nur schwer nähern können, weil von Anfang an von einer Analogie mit dem optischen Sehen von physischen Bildobjekten ausgegangen wird. Wer von „Bildlinguistik" spricht, wird sich der dem Bild eigenen Logik schwer nähern können, weil von einer strukturellen Analogie zwischen Sprache und Bild ausgegangen wird, statt über die Unterschiede von Wort und Bild zu einem Verständnis der bildeigenen Logik zu kommen. Kurz: Was fehlt sind richtige Begriffe. Mehr noch: Es werden zu oft falsche Begriffe verwendet. Lehnwörter mögen manchem als temporäre Platzhalter dienen, sie führen jedoch auf die falsche Fährte, sodass wir nie zu den richtigen Vorstellungen gelangen.[10]

Wir müssen den Bildbegriff streichen und die Dinge beim Namen nennen, sie als das bezeichnen, was sie sind.

---

[8] Beispielsweise: Birgit Mersmann und Martin Schultz, Hg., *Kulturen des Bildes* (München: Fink, 2006). Ingeborg, Steffen Siegel und Achim Spelten, Hg., *Verwandte Bilder. Die Fragen der Bildwissenschaft* 2. Aufl. (Berlin: Kulturverlag Kadmos, 2008).

[9] „Die Grenzen meiner Sprache bedeuten die Grenzen meiner Welt" (Ludwig Wittgenstein, „Logisch-philosophische Abhandlung," in *Annalen der Naturphilosophie* Band 14, hg. v. W. Ostwald (Leipzig: Veit & Comp, 1921), Satz 5.6).

[10] „Gerade um der Präzision und der schlichten Verständlichkeit willen, sollte man daher am besten ganz auf das Wort ‚Bild' verzichten und stets genau sagen, was man gerade meint. Die Bildwissenschaft wird Fortschritte machen, wenn sie weniger von Bildern spricht" (Lambert Wiesing, *Artifizielle Präsenz. Studien zur Philosophie des Bildes* (vgl. Frankfurt/M., Suhrkamp, 2005, S. 46).

2. Bildwissenschaft ohne Bildbegriff

Eine präzisere Nomenklatur wurde bereits versucht. Vor allem Bild- und Zeichentheorien haben deutlich gemacht, welche inneren semantischen Zusammenhänge Bilder herstellen. Insbesondere die Semiotik hat hier wichtige Ansätze geliefert, auch wenn sprachtheoretischen Zeichentheorie auf komplexere Bilder übertragen wurde. Die Unterscheidungen von Bezeichnendem und Bezeichnetem oder Ikon, Index und Symbol sind mit Sicherheit hilfreich.[11]

Eine weitere wichtige Unterscheidung wurde im Laufe der Kunstgeschichte vollzogen. Das konventionelle Tafelbild hat Jahrhunderte lang die europäische Kunstgeschichte dominiert. An ihm wurden seit der Renaissance die Kunsttheorien entwickelt. Doch erst mit der Erfindung der Fotografie und mit Ansätzen, sie theoretisch begreifbar zu machen, wurde ein neuer Begriff notwendig: der Begriff des Mediums.

Mit „Medium" ist hier der Bildträger gemeint, der ein Bild erst physisch ermöglicht. Ohne Bildträger kein Bild.[12] Der Begriff wird in der Fotografie notwendig, um den Zusammenhang zwischen Original und Kopie deutlich zu machen. In der Malerei kann zwar von einem Künstler eine Kopie eines Werkes hergestellt werden, die Fotografie ermöglicht es jedoch erst, ähnlich wie von einem Druckstock in der Reproduktionsgrafik, von einem Negativ technisch eine Reihe von Positiven zu erzeugen. Anders als in der Reproduktionsgrafik unterscheidet sich die erste von der hundertsten Kopie jedoch nicht nennenswert. Was mit jedem Abzug sichtbar wird, ist ein und dasselbe Bild. Möglich wird dies mithilfe des bestimmten Mediums, hier der chemischen Fotografie.

Die Unterscheidung zwischen Bild und Medium macht erst das Neue der Fotografie verständlich und ihrer Abgrenzung zur Malerei deutlich. Nun war ein Bild nicht mehr nur etwas, das etwas anderes darstellen kann (die Unterscheidung von Bild und Abgebildetem), sondern es konnte in verschieden Ausformungen erscheinen, die unterschiedliche Eigenschaften in der Produktion, Distribution und Rezeption besaßen. Es ist bemerkenswert, dass nach fast 100 Jahren der Bildpraxis mit der Fotografie erstmalig die richtigen Fragen gestellt wurden: Die massenhafte

---

[11] Vgl. Ferdinand de Saussure, *Grundfragen der allgemeinen Sprachwissenschaft* (Berlin: De Gruyter, 1967), Charles Sanders Peirce, „Nomenclature and Divisions of Triadic Relations, as Far as They Are Determined," in *Essential Peirce* Band 2, hg. v. Nathan Houser, Christian J. W. Kloesel, Peirce Edition Project (Indianapolis: Indiana University Press, 1998), S. 289-99. Angelika Linke, Markus Nussbaumer und Paul R. Portmann, *Studienbuch Linguistik* 5. Aufl. (Tübingen: Max Niemeyer Verlag, 2004), S. 30-31.
[12] „Es gibt keine Daten ohne Datenträger. Es gibt keine Bilder ohne Bildschirme" (Claus Pias, „Das digitale Bild gibt es nicht. Über das (Nicht-) Wissen der Bilder und die informatische Illusion," in *Zeitenblicke* Bd. 2 (2003), §53).

Bildproduktion mithilfe der Fotografie wurde zwar in einem Kampf um das Selbstverständnis der Kunst geschlagen,[13] die entscheidenden Fragen des Mediums wurden aber erst von Walter Benjamin im Jahr 1936 fast ein Jahrhundert nach ihrer Erfindung gestellt.[14] Dies eröffnete es, das neue Bildphänomen greifbar zu machen, eine Geschichte der Bildmedien zu konzipieren und eine Medientheorie (richtiger hier: eine Theorie der Bildmedien)[15] zu beginnen. Zudem war es mit dem Medienbegriff möglich, ganz neue Fragen an die Geschichte der Kunst zu stellen.

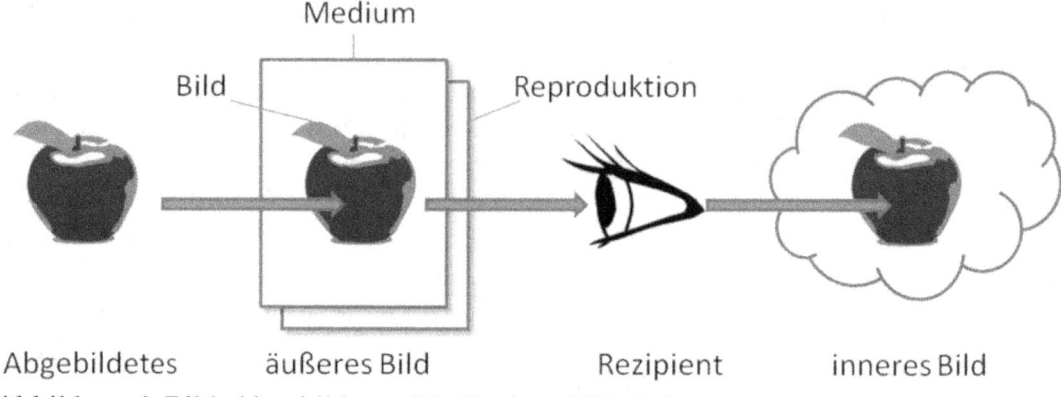

Abbildung 1: Bild, Abgebildetes, Medium und Rezipient

Heute leben wir wieder in einer Zeit revolutionärer Veränderungen hinsichtlich der Hegemonie der Bildmedien, der wieder ein neues Bildmedium hinzugetreten ist. Dieses scheint, ähnlich wie die Fotografie damals, die anderen Bildmedien in sich aufzunehmen,[16] die anderen Bildmedien in ihrem künstlerischen Anspruch herauszufordern, die Demokratisierung der Bildproduktion noch weiterzutreiben und die Bilderflut sprunghaft ansteigen zu lassen: das digitale Bild.

---

[13] Beispielsweise: Charles Baudelaire, *Salon de 1859*, übers. v. Wolfgang Drost (Paris: Editions Honoré Champion, 2006).

[14] Vgl. Walter Benjamin, „Das Kunstwerk im Zeitalter seiner technischen Reproduzierbarkeit," in *Gesammelte Schriften* Bd. 1, hg. v. Rolf Tiedemann und Hermann Schweppenhäuser (Frankfurt/M.: Suhrkamp, 1980), S. 431-469.

[15] Darlegungen einer allgemeinen Mediengeschichte beginnen meist mit der Erfindung der Druckerpresse – einem Textmedium. Eine Geschichte der Bildmedien konzentriert sich dagegen auf die visuellen Medien und beginnt daher mit den ersten menschlichen Bildartefakten (beispielsweise der Höhlenmalerei). Die Bildmediengeschichte ist zudem nicht auf eine Technikgeschichte beschränkt. Sie ist vielmehr damit beschäftigt, die kulturellen Folgen der Entwicklung der Bildmedien zu untersuchen und definiert die Eigenschaften des Medium aus seinem historischen Kontext heraus.

[16] Vgl. Marshall McLuhan, *Understanding media. The extensions of man* 3. Aufl. (New York: McGraw-Hill, 1966), S. 174.

Das digitale Bild stellt die Bildwissenschaft vor neue Herausforderungen, denen sie sich noch nicht konkret genug gestellt hat.[17] Das Aufkommen des digitalen Bildes – denkt man nur an die Digitalfotografie – verändert das Verhältnis der Bildmedien zueinander bereits heute mindestens so grundlegend, wie es die Fotografie im 19. Jahrhundert getan hat. Sie stellt eine neue Herausforderung an die begriffliche Fassbarkeit dar, wie das die Fotografie ebenfalls tat. Gleichzeitig ist sie selbst die Triebkraft, zu neuen Vorstellungen über Bilder zu kommen. Wie die Fotografie den Medienbegriff erforderte, mit dem die Fotografie verständlich wurde und rückblickend mediale Zusammenhänge herstellte, so erfordert das digitale Bild eine neue Terminologie, mit der auch konventionelle Bildmedien neu und umfassender begriffen werden können.

Die Schwierigkeiten, das digitale Bild begreifbar zu machen, liegen darin, dass die an den konventionellen Bildmedien entwickelten Begrifflichkeiten herausgefordert werden: Was ist das Bild des Digitalbildes? Was ist das Medium des Digitalbildes? Schließlich muss grundsätzlich ontologisch gefragt werden: Was ist das Digitalbild?

Die Unterscheidung von Bild, Abgebildetem und Bildmedium scheint nicht mehr ausreichend. Das digitale Bild, von dem die Digitalfotografie nur ein Teilbereich darstellt, wird erst greifbar, wenn neue Begriffe eingeführt werden, die das neue Bildmedium erst verständlich machen.

3. Neue Begriffe

Um sich neuen Begriffen zu nähern, hilft es, sich einige konkrete Beispiele anzusehen. Das einfachste Beispiel eines digitalen Bildes ist zweifellos das Digitalfoto. Es ist bemerkenswert, dass selbst und gerade hochpreisige Digitalkameras heute noch in ihrer Bauform überwiegend herkömmliche Spiegelreflexkameras nachahmen. An die Stelle des Films ist hier nur ein CCD-Chip getreten. Die Mimikry der digitalen Fotografie ist erstaunlich: Die Entnahme des Resultats erfolgt entsprechend eines Films in Form einer Speicherkarte. Vorteil dieser Technik ist jedoch die sofortige Betrachtung des Resultats auf einem Bildschirm, sodass bei Kompaktkameras meist bereits der optische Sucher zugunsten eines Displays verschwunden ist. Das Revolutionäre der Fotografie war einst das chemische Fixieren des flüchtigen Bildes der Camera Obscura. Heute ist es ganz ähnlich das digitale

---

[17] Beispielsweise in Ansätzen: Margarete Pratschke, Hg., *Digitale Form* (Berlin: Akad.-Verlag, 2005); Claus Pias, a.a.O.; Wolfgang Hagen, „Die Entropie der Fotografie. Skizzen zu einer Genealogie der digitalelektronischen Bildaufzeichnung," in *Paradigma Fotografie. Fotokritik am Ende des fotografischen Zeitalters*, hg. v. Herta Wolf (Frankfurt/M.: Suhrkamp, 2002), S. 233.

Festhalten dieses Bildes und seine Darstellung auf einer Pixelmatrix. Diese Bilder werden häufig auf einen Computer übertragen und vereinzelt, beispielsweise bei einem Fotodienstleister, ausbelichtet.

Ein anderes Beispiel eines digitalen Bildes liegt vor, wenn man in einem Grafik-Programm wie Photoshop an einem PC arbeitet. Das Bild ist am Display sichtbar und kann mithilfe einer grafischen Benutzeroberfläche, die durch die Maus-Peripherie gesteuert wird, verändert werden. Diese anschließende Veränderungen von Helligkeit und Kontrast, das Collagieren oder Übermalen treten an die Stelle der Prozesse in einer Dunkelkammer. Das „retouchierte" Bild kann anschließend über Email oder soziale Netzwerke versendet und anderen Betrachtern zugänglich gemacht werden.

Eine weitere verbreitete Form des digitalen Bildes ist – im Gegensatz zum digitalisierten – das digital erzeugte, also computergenerierte Bild (CGI), wie es beispielsweise in Computerspielen, wie Ego-Shootern, zu finden ist. Das am Bildschirm sichtbare Bild ist nun aufgrund von Daten und Algorithmen durch die Rechenschritte des Computers erzeugt. Zudem erlaubt dies die Steuerung und Kontrolle des Bildes durch den Rezipienten (der nun User heißt) – und zwar in Echtzeit.

Es ist wohl kaum zu bezweifeln, dass es sich hierbei um Bilder handelt, die Teil des Untersuchungsbereichs der Bildwissenschaft sind. Und mit Sicherheit lassen sich hierbei zumindest in einem ersten Schritt die Begrifflichkeiten der Bildtheorie anwenden: Es handelt sich weitgehend um gegenständliche Bilder, die etwas darstellen, also eine Referenz auf etwas sind. Auf diese Weise lässt sich leicht ein Zusammenhang zwischen dem Bild, also dem Sichtbaren, und dem abgebildeten Objekt herstellen. Auch dieses Digitalbild stellt etwas dar. Und dieses Bild ist sichtbar aufgrund eines Bildträgers (Mediums).

Und doch wird deutlich, dass es sich hier um ein besonderes Bildsystem handelt, dessen besondere Ontologie in den Unterschieden deutlich wird. Das „Bild" auf dem Speicherchip der Kamera ist selbst nicht sichtbar, vielleicht vergleichbar mit dem belichteten Rollfilm in einer verschlossenen lichtundurchlässigen Kartusche, die nur latente Bilder trägt. Und doch ist die „Latenz" des digitalen Bildes auf dem Chip eine andere, alleine deshalb, weil es durch einen anderen Prozess sichtbar gemacht wird als es bei der chemischen Fotografie der Fall ist. Auch das Verhältnis von „Negativ" zu „Positiv" ist ein anderes. In der Bildverarbeitung wird deutlich, dass das Bild einfacher als in der Dunkelkammer verändert werden kann.[18] Es kann verlustfrei kopiert und quasi gleichzeitig überall auf der

---

[18] Vgl. W.J.T. Mitchell, „Realismus im digitalen Bild," in *Bilderfragen. Die Bildwissenschaften im Aufbruch*, hg. v. Hans Belting (München: Fink, 2007), S. 237-255.

Welt sichtbar werden. Dadurch erhält es noch eine stärkere Ortlosigkeit als die durch Walter Benjamin beschriebene Fotografie. Schließlich muss sie nicht in einem direkten Verhältnis zur sichtbaren Wirklichkeit stehen,[19] sondern kann aufgrund von Programmen erzeugt und in Echtzeit verändert werden. Dies kann in einer solchen Qualität geschehen, dass der Eindruck von Immersion entstehen kann, wie es mit keinem Bildmedium vorher möglich war.[20]

Dies sind qualitative Unterschiede zu früheren Bildmedien, die einen Eindruck davon geben, was neu ist am digitalen Bild. Um dies deutlicher zu machen, helfen Analogien und Lehnwörter aus den alten Bildmedien nicht weiter. Der CCD-Sensor ist kein Film. Der Speicherchip ist kein Negativ.

Hinter diesen Unterschieden steht eine Frage im Mittelpunkt: Was ist das Medium des Digitalbildes? Wurde der größte Unterschied der Fotografie zur Malerei in der Frage gefunden, was das *Bild der Fotografie* sei (was zum Begriff des Mediums führte), stellt sich nun die zentrale Frage, was das *Medium des Digitalbildes* ist. Und auch dies wird zu neuen Begriffen führen.

Untersucht man das „Bild" im engeren Sinne, das mithilfe eines Mediums Sichtbare, das auf etwas Abgebildetes referenziert, so stellt sich die Frage, was das Medium des digitalen Bildes ist. Das Display ist es sicher nicht, jedenfalls nicht alleine. Bei der Digitalkamera ist der Speicherchip ein wichtiges Element und am Computer liegt die dargestellte Datei auf der Festplatte. Denkt man an Internetanwendungen, wird deutlich, dass die Darstellungseinheit und die Datei sich nicht einmal an einem Ort befinden müssen, sondern die Datei auf einem entfernten Server liegen und über das Netz herangeholt werden kann.

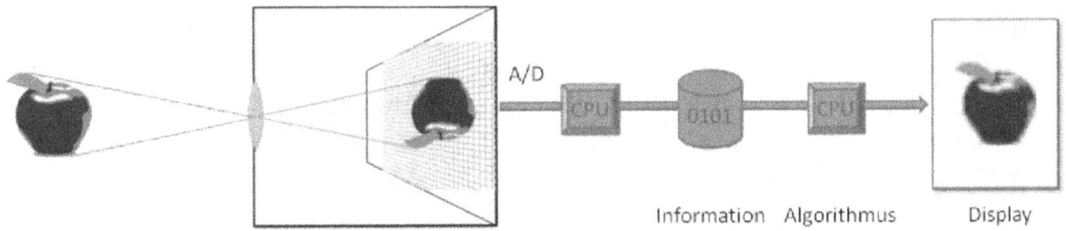

Abbildung 2: Grundlagen der Digitalfotografie

Streng genommen wandelt der CCD-Chip lokale Helligkeitswerte der drei Farben (Rot, Grün und Blau) über einen Analog/Digital-Wandler in Zahlen um, die mithilfe eines Prozessors komprimiert in eine Datei (z. B. im Jpeg-Format) auf

---

[19] Vgl. Roland Barthes, *Die Helle Kammer. Bemerkung zur Photographie*, übers. v. Dietrich Laube. (Frankfurt/M.: Suhrkamp 1989), S. 91.
[20] Vgl. Oliver Grau, *Virtual Art : From Illusion to Immersion* (Cambridge, Mass: MIT Press, 2003), S. 15.

dem Datenträger geschrieben werden und dort letztlich als An/Aus-Zustände, wenn man will als Nullen und Einsen, gespeichert vorliegen. In der Darstellung wird dieser Datensatz gelesen, dekomprimiert und als Helligkeitswerte der drei Grundfarben auf dem Display ausgegeben. Eine Veränderung durch die sogenannte Bildbearbeitung findet nun selbstverständlich nur mittelbar am Display statt (das *Graphical User Interface* ist die Schnittstelle zwischen User und den Daten, zwischen Mensch und Maschine). Tatsächlich wird jedoch die Datenbasis per Rechenprozess verändert. Beispielsweise entspricht ein Aufhellen des Bildes der Addition eines Wertes zu jedem RGB-Wert der Pixelmatrix, sein Abdunkeln der Subtraktion und die Kontrastverstärkung der Streckung des Histogramms (statistischer Verlauf der Helligkeitswerte eines Bildes). Die Bildgenerierung ist schließlich ein Errechnen der Zahlenwerte der einzelnen Bildpunkte. Mit anderen Worten, der Computer kennt kein Bild, er kennt nur Zahlen. Er „sieht" nicht, er rechnet nur.[21]

Das so beschriebene System macht eines deutlich: Wir müssen, um das System beschreiben zu können, dem Begriffspaar „Bild"/„Medium" einen weiteren Begriff hinzufügen: den Begriff der Information.

4. Informationstheorie als Bildtheorie

Die Bildwissenschaft des digitalen Bildes (Digitalbildwissenschaft oder Bildwissenschaft 2.0) muss sich als Informationstheorie des Bildes verstehen.

Der Begriff der Information trennt sich von dem des Mediums. Die Bit-Zustände des Speichers sind die Informationen, die von Programmen interpretiert werden müssen, um sinnvolle Botschaften darzustellen. So kann eine Bitfolge *01000001* als Dezimalzahl *65* oder entsprechend der ASCII-Tabelle als Buchstabe *A* oder ein Helligkeitswert eines Bildelements interpretiert werden. Auf diese Weise können nicht nur Zahlen und Buchstaben, sondern genauso Töne, ganze Bilder und alle anderen Arten von Daten binär codiert, verarbeitet und als Signal transportiert werden.

Das ist aber nicht das Bild. Es ist die Information, die durch eine Hardware und Algorithmen, sprich durch ein Gesamtsystem, das als Medium bezeichnet werden kann, zu einem „Bild" wird. Es soll hier von dem Prozess des „Ausvisualisierens" gesprochen werden. Die Informationen können mithilfe eines

---

[21] Vgl. Frieder Nake, „Das doppelte Bild," in *Bildwelten des Wissens. Kunsthistorisches Jahrbuch für Bildkritik* Band 3, Nr. 2, *Digitale Form*, hg. v. Margarete Pratschke (Berlin: Akademie Verlag, 2006), S. 47ff.

Rechners auf einem Display dargestellt, auf zwei Bildschirmen angezeigt oder als Ausdruck etc. vorgelegt werden. Dies sind verschiedene Formen des Ausvisualisierens.

Die Frage, wo das Bild des digitalen Bildes zu verorten sei, lässt sich an dieser Stelle so beantworten: Nicht im Speicher. Im Speicher ist die Information, die notwendig ist, um etwas mithilfe des Mediums darzustellen.

Das Medium, also das System, das diese Information sichtbar werden lässt, ist ein Computer, der nach den Von-Neumann-Prinzipien gestaltet ist. Ein Von-Neumann-Rechner besteht aus den Komponenten Steuerwerk, Rechenwerk, Speicher, Eingabewerk und Ausgabewerk.[22] Jede Digitalkamera, wie auch jedes Smartphone, enthält wie jeder PC neben dem Speicher einen Prozessor und ein Display. Grundsätzlich müssen bei der Ausvisualisierung von Informationen der Speicher, das Rechenwerk und das Ausgabewerk nicht notwendigerweise an einem Ort sein. Das scheinbar ortlose Bild, welches beispielsweise auf Facebook gepostet wurde und dort an verschiedenen Orten abgerufen, herunter- und hochgeladen werden kann, besteht im Prinzip aus einer Bitfolge im Format einer Jpg-Datei, die auf einem Server im Internet liegt und auf Abruf auf den lokalen Rechner übertragen wird, um dort mithilfe von Programmen interpretiert und auf der Grafik- und Display-Hardware als „Bild" sichtbar gemacht wird. Aufgabe des Mediums ist also die Ausvisualisierung der Bitfolge.

Neben Information und Medium ist nun also etwas sichtbar geworden, das als „Bild" bezeichnet werden könnte. Aber worum handelt es sich hierbei? Zunächst einmal handelt es sich um eine Verteilung von Helligkeiten der Rot-, Gelb- und Blauwerten auf der Pixelmatrix des Bildschirms, die in der Summe den Eindruck von zusammenhängenden Flächen ergibt, die aufgrund von Erfahrungen mit der Realwelt als Objekte erkannt werden, also als „Bilder" von etwas. Es handelt sich folglich um das vom Betrachter wahrgenomme visuelle Phänomen.[23] Genauer gesagt handelt es sich um das im Auge eintreffende und auf die Retina projiziert Licht, das dort anschließend in Nervensignale umgewandelt und – über den Metathalamus vorverarbeitet – auf dem visuellen Cortex wahrgenommen wird.

---

[22] Das Von-Neumann-Prinzip beschreibt einen Rechner aus den genannten Komponenten, der universell, das heißt unabhängig von den zu bearbeitenden Problemen ist und durch binär codierte Befehle gesteuert wird (vgl. *Duden Informatik* 2. Aufl. (Mannheim, Wien, Zürich: Dudenverlag, 1993), S. 775-776).

[23] Vgl. Edmund Husserl, „Phantasie, Bildbewusstsein, Erinnerungen. Zur Phänomenologie der anschaulichen Vergegenwärtigung," in *Husserliana* Band 23, hg. v. Eduard Marbach (Den Haag: Martinus Nijhoff, 1980).

Das, was sichtbar ist, ist das visuelle Phänomen. Der Begriff des Bildes ist auch hier nicht notwendig. Seine Verwendung würde hier nur verunklären. Nennen wir die Dinge also beim Namen: Information, Medium, visuelles Phänomen.

Mit diesen Begriffen lässt sich das digitale Bildphänomen klar beschreiben. Eine Digitalkamera erzeugt Informationen, die auf einem Display oder Fotodrucker ausvisualisiert werden. Das Bildbearbeitungsprogramm lässt (über eine grafische Benutzeroberfläche) die Informationen verändern, die anschließend versendet und an Geräten dargestellt werden. „Ein Bild versenden" ist umgangssprachlich und bedeutet eigentlich, Informationssignale zu übertragen, die am Endgeräte als Bild interpretiert und dargestellt werden. Computerspiele generieren mithilfe von Daten und Algorithmen Bitfolgen, die mithilfe des Mediums als visuelles Phänomen zur Wahrnehmung gebracht werden.[24]

Mit diesen Begriffen lässt sich aber noch mehr beschreiben. Beim konventionellen Tafelbild stellte sich die Frage nach dem *Medium* zunächst nicht, weil das sichtbare Phänomen mit dem physischen Bildträger untrennbar verbunden war.[25] Erst die Reproduzierbarkeit des Bildes problematisierte das Medium und ermöglichte durch den neuen Begriff die sprachliche und gedankliche Fassbarkeit des neuen Bildmediums. Der Begriff des Mediums konnte dann aber ebenso historisch auf das Gemälde rückbezogen werden: Das Medium Gemälde besteht aus Pigmenten, die mit einem Bindemittel (z. B. Öl) auf einen Untergrund (Holz oder Leinwand) aufgebracht sind. Aufgrund dieser materiellen Konfiguration wird ein visuelles Phänomen erlebbar, das den Eindruck erzeugt, auf außerbildliche Objekte zu referenzieren, also etwas darzustellen.

Bei der Fotografie stellte sich die Frage nach der *Information* zunächst nicht, da die Information mit dem Bildträger untrennbar verbunden war. Erst die datenverarbeitenden Bildsysteme erforderten die Problematisierung des Informationsbegriffs und erlaubte so die präzise Beschreibung und das umfassende Verständnis dieses neuen Bildsystems. Der Informationsbegriff lässt sich aber ebenso historisch zurückbeziehen.

---

[24] Vgl. Lev Manovich, *The language of new media* (Cambridge, Mass.: MIT Press, 2001), S. 49.
[25] Vgl. Belting, a.a.O., S. 38.

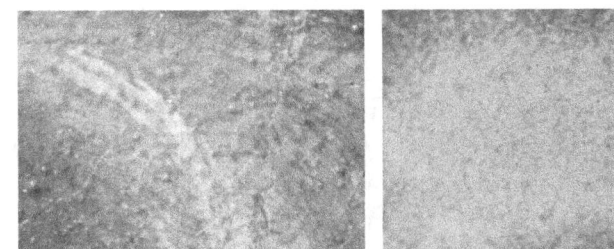 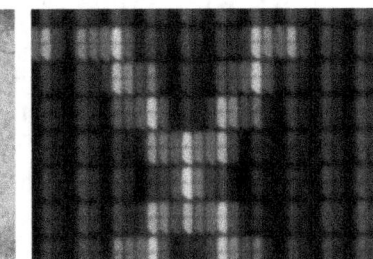

Abbildung 3: Pigmente eines Gemäldes, Silbernitrat einer Daguerreotypie, Pixel eines LCD-Displays[26]

Was bedeutet der Informationsbegriff für konventionelle Bildmedien? Wie oben ausgeführt, beschreiben die einem Digitalbild zugrunde liegenden Informationen die Helligkeits- und Farbverteilung auf dem Ausgabewerk des Mediums. In der Summe ergeben diese einen visuellen Eindruck. Im Einzelnen handelt es sich um Helligkeitswerte des RGB-Subpixels. Diese jeweils zu einer Zelle der Matrix gehörenden Werte sind in einem solchen System jedoch nicht festgelegt. Das Besondere an einem Display ist es, dass die Helligkeit an jedem Punkt variieren kann und durch das System kontrolliert wird. In einem Gemälde liegen ebenso an jedem Punkt Farbinformationen vor. Diese sind durch den Künstler mithilfe eines Pinsels in Form von gebundenen Pigmenten jedoch festgelegt und nach dem Trocknungsprozess nicht mehr variabel. Die Information ist somit fest mit dem Bildträger verbunden. Ähnlich verhält es sich mit der Fotografie: Das Silbernitrat ist durch Lichteinwirkung unterschiedlich verändert. Jedes Silbernitrat-Molekül an jedem Punkt ist somit Träger eine Helligkeitsinformation, die in der Summe ein Bildeindruck vermittelt. Auch hier ist die Helligkeits-Orts-Information fest mit dem Medium verbunden. Erst im digitalen Bildmedium sind diese Elemente getrennt und eine Eigenschaft des neuen Mediums, das ihm neue Eigenschaften und Möglichkeiten verleiht. Erst durch die Trennung von Information und Medium ist die Variabilität, die Verarbeitbarkeit und verlustlose Kopie möglich – die grundlegenden Eigenschaften, die das Digitalbild von den konventionellen Bildmedien unterscheidet.

---

[26] Mikroskopische Aufnahme (Quelle: Leica Microsystems GmbH, Hg., *reSOLUTION* Nr. 4, S. 4, Abb. 3). Lichtmikroskopische Aufnahme (Quelle: Institut für Physikalische Chemie, Universität Hamburg). 5x Makroaufnahme eines Samsung LC-Displays (Quelle: Wikipedia, http://commons.wikimedia.org/wiki/File:Lcd.jpg).

5. Bildtheorie als Schichtenmodell

Durch diese Begrifflichkeiten wurden also nicht nur das Narkotikum „Bild" entfernt und durch treffendere Begriffe ersetzt. Die Einführung des Informationsbegriffs erklärt zudem das Digitalbild besser und dient gleichzeitig als umfassendere Theorie der Bildmedien. Die Trias von Information, Medium und visuellem Phänomen macht falsche Fragen nach dem „Bild" obsolet und nähert sich dem Medium mit adäquaten Begriffen.[27]

Die Einführung des Informationsbegriffs in die Bildwissenschaft hat jedoch noch weitere Vorteile: Die oben genannte Trias steht in einem hierarchischen Bezug zueinander. Das Mediensystem benötigt Information, um ein visuelles Phänomen zu erzeugen. Dies kann wie folgt dargestellt werden:

Visuelles Phänomen
Mediensystem
Information

In der Informatik wird dies ein Schichtenmodell genannt. Zu den bekanntesten Schichtenmodellen gehört das OSI-Modell, das sieben Sichtweisen auf technische Strukturen in der Telekommunikation bezeichnet. Dabei ist die unterste Schicht der *physical layer*, letztendlich Kupferkabel oder elektromagnetische Wellen, die Bits in Form von Signalen übertragen. Die höheren Schichten haben die Sicherung der Verbindung und das zwischen Sender und Empfänger vereinbarte Übertragungs- und Fehlerprotokoll zur Aufgabe.[28] Überträgt man diese Architektur auf die Bildmedien, so kann man analog ein Schichtenmodell anwenden.

3. Visuelles Phänomen
2. Mediensystem
1. Information

Dabei ist zu beachten, dass die erste Schicht wiederum nicht nur aus Bits besteht, sondern auch aus Formaten des Datenaufbaus inklusiv Komprimierung. Die zweite Schicht besteht aus den Elementen des Von-Neumann-Rechners inklusiv

---

[27] Der Begriff „Bild" mag in dem Begriff „Digitalbild" weiter bestehen, um das System zu bezeichnen und vom „Analogbild" (den konventionellen Bildmedien) abzugrenzen. Präziser wäre hier aber wohl auch von einem digitalen Mediensystem zu sprechen.

[28] Vgl. Peter Stahlknecht und Ulrich Hasenkamp, *Einführung in die Wirtschaftsinformatik* 11. Aufl. (Berlin, Heidelberg, New York: Springer, 2005), S. 94–97.

Speicher, auf dem die Informationen abgelegt sind, Prozessor und der Ausgabeform (z. B. Display). Die dritte Schicht besteht aus dem wahrnehm*baren* Phänomen, ist also noch rein optisch-physikalisch. Darauf baut schließlich ein System der menschlichen Wahrnehmung auf: Ein Bild ist erst ein Bild, wenn es von einem Rezipienten gesehen wird. Höhere Schichten beschreiben also Stufen der Bedeutungszuweisung. Hierfür steht bereits ein bewährtes Schichtenmodell zur Verfügung. Erwin Panofskys Ikonologie und Ikonografie beschreibt eine dreistufige allgemeine Erkenntnistheorie der visuellen Wahrnehmung. Demnach werden zunächst die Objekte benannt (in der ihm als Beispiel dienenden christlichen Ikonografie: Mann, Messer), dann diese identifiziert (Heiliger Bartholomäus) und schließlich in ihren kulturhistorischen Kontext gesetzt.[29]

Was Panofsky übersieht, ist, dass vor einer kognitiven Verarbeitung, die auf kulturelle Erfahrung zurückgreift, in einem ersten Schritt zunächst der Sinneseindruck vorverarbeitet werden muss, die Schatten und Flächen voneinander unterschieden und als zusammenhängende Objekte identifiziert werden müssen. Diese dafür notwendige Kantenerkennung, Kontrastverstärkung und Informationsreduktion geschieht kognitionspsychologisch zum Teil bereits in den Schichten der Netzhaut und des Metathalamus.[30] Diese Vorverarbeitung ist jedoch notwendig, um überhaupt einen Menschen oder ein Objekt von der Menge an Reizen unterscheiden zu können und ist quasi Panofskys Modell als ‚nullte' Ebene hinzuzufügen. Auf diese Weise erhält man folgendes Schichtenmodell:

3. Ikonologische Interpretation
2. Ikonographische Analyse
1. Vor-ikonographische Beschreibung
0. Objekterkennung

Da die so strukturierte Bildbeschreibung zur Vollständigkeit noch eine Beschreibung des Bildmediums unterlegt bekommen müsste, ist es folgerichtig, diese beiden Schichtenmodelle aufeinanderzusetzen.

---

[29] Panofsky unterscheidet „Formen" und „Motive": „Man erfaßt es [das primäre Sujet], indem man reine Formen identifiziert, nämlich: gewisse Konfigurationen von Linie und Farbe oder gewisse eigentümlich geformte Bronze- oder Steinstücke als Darstellungen natürlicher Gegenstände [...]" (Erwin Panofsky, „Ikonographie und Ikonologie. Eine Einführung in die Kunst der Renaissance," in *Sinn und Deutung in der bildenden Kunst* (Köln: Dumont, 1975), 39).

[30] Genauer: im seitlichen Kniehöcker (*Corpus geniculatum laterale*) (Hans-Otto Karnath und Peter Thier, hg. v., *Kognitive Neurowissenschaften* 3. Aufl. (Berlin: Springer Medizin, 2012), S. 36-37.

7. Ikonologische Interpretation
6. Ikonographische Analyse
5. Vor-ikonographische Beschreibung
4. Objekterkennung
3. Visuelles Phänomen
2. Mediensystem
1. Information

Dieses Schichtenmodell beschreibt das Bildmedium und seine Rezeption durch den Betrachter vollständig und ist nicht nur auf das digitale Bild, sondern auf jegliches Bildphänomen anwendbar. Es stellt den Zusammenhang zwischen Bild und Betrachter her, denn die oben beschriebenen drei Begriffe müssen selbstverständlich durch den Begriff „Rezipient" ergänzt werden. Hans Belting, der den Bildbegriff kritisiert, erkennt richtig, dass Bild und Medium erst durch den Zusatz von „Körper" vollständig zu erklären sind. Denn es ist der Mensch, so schreibt er in seiner antropologischen Betrachtung, der Bilder rezipiert, mit Bedeutung füllt und der Bilder erzeugt, um damit Vorstellungen visuell zu kommunizieren.[31] Mit dem Digitalbild wird deutlich, wer über Bilder sprechen möchte, muss vier Begriffe in Beziehung bringen: Rezipient, visuelles Phänomen, Mediensystem und Information.

Literatur

Barthes, Roland. *Die Helle Kammer. Bemerkung zur Photographie.* Übersetzt von Dietrich Laube. Frankfurt/M.: Suhrkamp, 1989.

Baudelaire, Charles. *Salon de 1859.* Übersetzt von Wolfgang Drost. Paris: Editions Honoré Champion, 2006.

Belting, Hans. *Bild-Anthropologie. Entwürfe für eine Bildwissenschaft.* München: Fink, 2001.

Benjamin, Walter. „Das Kunstwerk im Zeitalter seiner technischen Reproduzierbarkeit." In *Gesammelte Schriften* Band 1, herausgegeben von Rolf Tiedemann und Hermann Schweppenhäuser, S. 431-469. Frankfurt/M.: Suhrkamp, 1980.

Boehm, Gottfried. „Die Bilderfrage." In *Was ist ein Bild?*, herausgegeben von Gottfried Boehm, S. 325-343. München: Fink, 1994.

---

[31] Vgl. Belting, a.a.O., S. 12.

Bredekamp, Horst. „Bildwissenschaft." In *Metzler Lexikon Kunstwissenschaft*, herausgegeben von Ulrich Pfisterer, S. 56-58. Stuttgart/Darmstadt: Metzler, 2003.

Duden Informatik. 2. Auflage. Mannheim/Wien/Zürich: Dudenverlag, 1993.

Grau, Oliver. *Virtual Art : From Illusion to Immersion*. Cambridge, Mass: MIT Press, 2003.

Hagen, Wolfgang. „Die Entropie der Fotografie. Skizzen zu einer Genealogie der digitalelektronischen Bildaufzeichnung." In *Paradigma Fotografie. Fotokritik am Ende des fotografischen Zeitalters*, herausgegeben von Herta Wolf, S. 195-238. Frankfurt/M.: Suhrkamp, 2002.

Karnath, Hans-Otto und Thier, Peter, Hg. *Kognitive Neurowissenschaften* 3. Auflage. Berlin: Springer Medizin, 2012.

Linke, Angelika, Markus Nussbaumer und Paul R. Portmann. *Studienbuch Linguistik* 5. Auflage. Tübingen: Max Niemeyer Verlag, 2004.

Manovich, Lev. *The language of new media*. Cambridge, Mass.: MIT Press, 2001.

McLuhan, Marshall. *Understanding media. The extensions of man* 3. Auflage. New York: McGraw-Hill, 1966

Mersmann, Birgit und Schultz, Martin, Hg. *Kulturen des Bildes*. München: Fink, 2006.

Mitchell, W. J. T. „Realismus im digitalen Bild." In *Bilderfragen. Die Bildwissenschaften im Aufbruch*, herausgegeben von Hans Belting, S. 237-255. München: Fink, 2007.

Panofsky, Erwin. „Ikonographie und Ikonologie. Eine Einführung in die Kunst der Renaissance." In *Sinn und Deutung in der bildenden Kunst*. Köln: Dumont, 1975.

Peirce, Charles Sanders. „Nomenclature and Divisions of Triadic Relations, as Far as They Are Determined." In *Essential Peirce* Band 2, herausgegeben von Nathan Houser, Christian J. W. Kloesel, Peirce Edition Project, S. 289-99. Indianapolis: Indiana University Press, 1998.

Pias, Claus. „Das digitale Bild gibt es nicht. Über das (Nicht-) Wissen der Bilder und die informatische Illusion." *Zeitenblicke* Band 2 (2003).

Pratschke, Margarete, Hg. *Digitale Form*. Berlin: Akademie-Verlag, 2005.

Reichle, Ingeborg, Steffen Siegel und Achim Spelten, Hg. *Verwandte Bilder Die Fragen der Bildwissenschaft* 2. Auflage. Berlin: Kulturverlag Kadmos, 2008.

Sachs-Hombach, Klaus. „Konzeptionelle Rahmenüberlegungen zur interdisziplinären Bildwissenschaft." In *Bildwissenschaft. Disziplinen, Themen, Methoden*, herausgegeben von Klaus Sachs-Hombach, S. 11-20. Frankfurt/M.: Suhrkamp Verlag, 2005.

Saussure, Ferdinand de. *Grundfragen der allgemeinen Sprachwissenschaft*. Berlin: De Gruyter, 1967.

Stahlknecht, Peter und Ulrich Hasenkamp. *Einführung in die Wirtschaftsinformatik* 11. Auflage. Berlin, Heidelberg, New York: Springer, 2005.

Wiesing, Lambert. *Artifizielle Präsenz. Studien zur Philosophie des Bildes*. Frankfurt/M.: Suhrkamp, 2005.

Wiesing, Lambert. *Die Sichtbarkeit des Bildes. Geschichte und Perspektiven der formalen Ästhetik*. Frankfurt/M./New York: Campus Verlag, 2008.

Wittgenstein, Ludwig. „Logisch-philosophische Abhandlung." In *Annalen der Naturphilosophie* Band 14, herausgegeben von W. Ostwald, S. 185–262. Leipzig: Veit & Comp, 1921.

II. Bildschnittstelle: Blick und Interaktion

To interact or not to interact – Die *differentia specifica* des Digitalbildes

Thomas West

„An einem Tag werden doppelt so viele Smartphones verkauft wie Babys geboren werden."[1]

Der digitale Wandel brachte eine *Flut der Fluten* mit sich: Nachdem die Informations- sowie die Datenflut (Big Data) auf uns zukamen und die oft genannte Bilderflut einen zusätzlichen Impuls erhielt, gibt es mittlerweile eine Geräteflut. Ein Meer von unzähligen Heimrechnern, Laptops, Smartphones, Tablet-PCs, Digitalkameras, Konsolen und dergleichen mehr hat sich in unsere Alltagswelt integriert. Es geht nicht nur um die dauerhafte Erreichbarkeit einer Person, welche derartigen Geräten – vor allem den Smartphones – geschuldet ist, sondern ebenfalls um das ständige, visualisierte Dokumentieren des eigenen Lebens. Die Nutzer fühlen sich dadurch den Mitmenschen näher, denen sie Bilder über Internetplattformen oder andere Kommunikationswege (MMS, Instant-Messaging usw.) zukommen lassen, und zeigen zudem eine Art Verbundenheit

---

[1] Bill McDermott, "Co-CEO Rede," SAP Hauptversammlung 2012 – 23. Mai 2012, Zugriff am 28.08.2013, http://www.sap.com/corporate-de/investors/governance/pdf/SAP-2012-Hauptversammlung-Rede-McDermott.pdf, S. 1.

dem Bild gegenüber. Dieses zu verändern, zu bearbeiten, mit ihm zu interagieren zum Beispiel via Bildbearbeitungsprogramm, gibt der Person eine Form der Befriedigung, wenn auch nur unbewusst. Gemälde und analoge Fotografien, die *lediglich* der Betrachtung dienen, wirken dagegen fast unoriginell.

In der Debatte um das codebasierte Bild – das Digitalbild[2] – dient die Eigenschaft der Interaktivität der grundsätzlichen Unterscheidung dessen gegenüber dem Analogbild.[3] Aber ist die in der heutigen Zeit unverzichtbar wirkende Bildbearbeitung schon eine Interaktion? Wenn dem so wäre, würde eine Person dann nicht ebenfalls mit einem analogen Bild interagieren, wenn diese der jungen Frau mit dem Früchtekorb auf der Vorderseite des vorliegenden Buches einen Bart zeichnete? „Interaktivität ist [zwar] das Schlüsselwort der neuen Informations- und Kommunikationstechnologien, das ihre spezifische Differenz und den Vorsprung gegenüber den ‚alten' [...] Bildmedien markieren soll",[4] aber ist es nicht dennoch möglich, bei analogen Bildern von Interaktion zu sprechen?

Hieraus wird ersichtlich, wie vage der Begriff der Interaktion beziehungsweise der Interaktivität ist. Dieser Beitrag setzt sich daher wesentlich mit der Problematik einer Definition des Terminus' in einem bildtheoretischen Rahmen auseinander. Es müssen Fälle hinsichtlich analoger Bilder analysiert werden, in denen Interaktivität auftreten könnte. Damit diese Eigenschaft aber nur bei Digitalbildern eine Rolle spielt, muss dementsprechend der Begriff in seiner Reichweite eingeschränkt und von Scheinformen abgegrenzt werden. Daraus ergeben sich interessante Konsequenzen hinsichtlich der Verbindung zwischen Mensch und Computer, da man sich mental auf interaktive Systeme einlässt. Nicht nur eine derartige Beziehung soll in diesem Beitrag fokussiert werden, sondern ebenfalls diejenige

---

[2] Der Begriff des Digitalbilds soll in dem Rahmen des Beitrags Bilder umfassen, welche auf einen Binärcode basieren. Damit sind sowohl rein digital generierte als auch digitalisierte Bilder gemeint. Gewiss ist es diffizil den Terminus genau zu fassen und es bildet eine eigene Diskussion, ob es einen Sinn macht, über das „digitale Bild" zu sprechen.

[3] Sachs-Hombach ist der Auffassung: „Die charakteristische Eigenschaft des [digitalen] Bildes [...] sollte in der Interaktivität gesehen werden." (Klaus Sachs-Hombach, *Das Bild als kommunikatives Medium. Elemente einer allgemeinen Bildwissenschaft* (Köln: Herbert von Halem, 2006), S. 234); Benjamin Beil geht sogar von interaktiven Bildern aus, wobei „die Digitalität [...] nur ein notwendige aber nicht eine hinreichende Eigenschaft [...]" darstellt. (Benjamin Beil, *Avatarbilder. Zur Bildlichkeit des zeitgenössischen Computerspiels* (Bielefeld: transcript, 2012), S. 46); Daniel Cermak-Sassenrath bezieht sich mehr auf das Computerspiel und bestimmt die Interaktivität auf der Ebene der Medien. Der Computer zeichnet sich demnach gegenüber anderen Medien durch seine Interaktivität aus. (Daniel Cermak-Sassenrath, *Interaktivität als Spiel. Neue Perspektiven auf den Alltag mit dem Computer* (Bielefeld: transcript, 2010)); Vgl. Claus Leggewie und Christoph Bieber, „Interaktivität – Soziale Emergenzen im Cyberspace?" in *Interaktivität. ein transdisziplinärer Schlüsselbegriff*, hg. v. Claus Leggewie und Christoph Bieber (Frankfurt/New York: Campus, 2004).

[4] Leggewie und Bieber, a.a.O., S. 7.

Relation, welche aufgrund der ontologischen Aufteilung in Bildträger und Bildinhalt entsteht.

Interaktivität kann nicht einfach als *differentia specifica* des Digitalbilds festgelegt werden, obgleich es intuitiv plausibel erscheint. Zuvor muss man einige charakteristische Faktoren berücksichtigen, welche eine Rolle bei der Beantwortung der Frage spielen, ob Interaktion ein spezifisches Unterscheidungskriterium zwischen analogen und digitalen Bildern darstellt. Dabei werden alltagssprachliche Bedeutungen und fachwissenschaftliche Bestimmungen des Begriffs größtenteils ignoriert, um eine unvoreingenommene und auf die Bildtheorie bezogene Definition zu eruieren. Dass informatische Elemente Einfluss auf diese nehmen, lässt sich notwendig nicht vermeiden, da der Computer ein relevanter Aspekt beim Digitalbild ist.

Bezüglich der begrifflichen Nuancierung der Termini „Interaktion" und „Interaktivität", welche in diesem Beitrag verwendet wird, besteht der feine Unterschied im folgenden Detail: Eine Interaktion findet zwischen zwei Systemen statt, wobei hier die Relation im Fokus steht. Grob formuliert ist es die Handlung der Person mit einem Agenten. Die Interaktivität stellt hingegen die (substantivierte) Eigenschaft dar. Der Computer (wozu nachfolgend auch Smartphones, Laptops, Tablet-PCs, Digitalkameras und andere Imaging-Produkte zählen) besitzt beispielsweise das Merkmal der Interaktivität und die Interaktion findet zwischen diesem und dem Menschen statt.[5]

1. Interaktion als Eingreifen

„Der Interaktionsbegriff ist vielschichtig und mehrdeutig und wird in der Literatur mit einer hohen [...] Streubreite verwendet."[6] Die zahlreichen Bedeutungsnuancen gehen vor allem auf die unterschiedliche Verwendung des Begriffs in den diversen wissenschaftlichen Disziplinen zurück. Als paradigmatische Beispiele sind die Sozial- und Kommunikationswissenschaften sowie die Informatik zu nennen. Wenn von Interaktion mit dem Bild gesprochen wird, ist das demnach recht vage.

Eine erste Bestimmung des Begriffs ist, dass Interaktivität bei digitalen Bildern bedeutet, dass der Betrachter die Möglichkeit offeriert bekommt, in das Bild einzugreifen – oder genauer gesagt, er kann das Bild kontrollieren und *entscheidend* in den

---

[5] Vgl. Johannes Magenheim, „Interaktion und Interaktivität im Kontext von Wissenskonstruktion und Nutzung digitaler Medien. Zur Vielfalt des Interaktionsbegriffs," in *Navigationen* Band 8, Sonderheft 1: Interaktionen, hg. v. Kai Schubert, Sigrid Schubert und Volker Wulf (Marburg: Schüren, 2008), S. 16.

[6] Magenheim, a.a.O. S., 11.

Inhalt des Bildes eingreifen im Sinne von verändern.[7] Der Begriff „entscheidend" spielt eine besondere Rolle. Von Interaktivität als Eingriff

> wird zumeist gesprochen, wenn die möglichkeiten der interaktion mit einem system ausschliesslich auf die navigation durch den vorgegebenen datenraum beschränkt bleiben. dieser argumentation nach haben die benutzer nicht die möglichkeit zur teilhabe am werk, sondern ausschliesslich zum umgang mit dem werk. vergleichbar mit dem zappen beim fernsehen kann zwar zwischen den angeboten ausgewählt werden, die angebote selbst können aber weder beeinflusst noch verändert werden.[8]

Das Auswählen oder Wählen ist zwar eine Art des Eingreifens, schließlich wird zwischen verschiedenen Inhalten oder den TV-Kanälen gewechselt, um beim Beispiel des Fernsehens zu bleiben. Für eine Interaktion ist dies aber zu schwach, weil nur die formale Ebene beeinflusst wird. Der Inhalt *per se* bleibt unverändert. Ergo sollte ein *entscheidender* Eingriff stattfinden, sodass eine Veränderung des Gehaltes auftritt.

Ferner ist die Kontrolle über das Bild respektive über das Eingreifen von Relevanz. Es wäre zwecklos, wenn die Person die Darstellung ändern möchte und etwas Unerwartetes passiert, etwas, das nicht beabsichtigt ist. Kontrolle verstanden als Steuerung ist stets in Verknüpfung mit dem Eingriff zu sehen, denn es wäre nicht interaktiv, wenn der Betrachter zwar einen Videofilm zum Beispiel kontrolliert, indem er ihn pausiert, vor- oder zurückspult, aber ihn inhaltlich nicht verändern kann. Erst aus dem Zusammenspiel dieser Punkte resultiert eine erste Festlegung des Interaktionsbegriffs, mit welcher im weiteren Verlauf des Beitrags nur als Fakt des Eingreifens operiert wird. Dennoch gibt es eine andere Auffassung, was mit Interaktion gemeint ist. Im nächsten Abschnitt soll diese Interaktionsart genauer untersucht werden, da es sich bei dieser um eine Scheinform handelt.[9]

2. Schein-Interaktion – vom Betrachter zum User

In der Frage um die Passivität und Aktivität des Betrachters wird das Argument angebracht, dass auch dieser schon mit einem Bild interagiert. Das Taxieren des Bildes soll demnach eine hinreichende Bedingung für Interaktion sein. „Die

---

[7] Vgl. Cermak-Sassenrath, a.a.O., S. 80.
[8] „Interaktion als Aspekt moderner Ästhetik," Elvira Barriga, Dichtung Digital, Zugriff am 28.08.2013, http://www.dichtung-digital.org/2004/2/Barriga/index.htm (Die Kleinschrift ist aus dem Originaltext übernommen).
[9] Vgl. Cermak-Sassenrath, a.a.O., S. 80f.

gesamte klassische und um so [sic!] mehr die moderne Kunst war bereits 'interaktiv', da sie einen Zuschauer voraussetzte, der [...] seine Augen [...] bewegen mußte."[10]

Zugespitzt formuliert: Lediglich das genaue Betrachten des Bildes und die dabei vorkommende Augenbewegung als Interaktion zu bezeichnen, würde eine starke Trivialisierung des Begriffs darstellen beziehungsweise wäre ein solcher obsolet, weil eine (sehende) Person dementsprechend mit fast allem interagiert und zwar jederzeit. Obgleich der Fakt hinzukommt, dass fehlende Informationen im Bild mental durch den Betrachter vollendet werden, wäre der Interaktionsterminus noch zu weit gefasst, weil bei dieser rein visuellen Handhabung des Bildes noch ein zentraler Aspekt fehlt und damit ist nicht ein Knopfdruck oder dergleichen gemeint, sondern eben das Verändern des Bildinhaltes.[11]

Bazon Brock ist der Ansicht, dass Interaktivität keine *differentia specifica* des digitalen Bildes ist, weil der Betrachter das analoge Bild auf gleiche Weise verändern kann, wie dies beim Digitalbild passiert. Er bezieht sich in dieser Hinsicht auf

> die Malerei des 15. Jahrhunderts. Ein zentralperspektivisch organisiertes Bildwerk bezog bereits den Betrachterstandpunkt in den Bildraum ein. Der Blick ins Bild und der Blick aus dem Bild interagierten in der aktiven Wahrnehmung. Und ein zweiter, dritter und vierter Blick führte in der jeweiligen Wahrnehmung zu einem bisher auf dem Bild nicht Gesehenen, obwohl es immer schon vorhanden war. Insofern veränderte sich durch die Wahrnehmung auch das objektiv materielle Substrat Bild in gleicher Weise, wie sich heute das elektronische Bild durch Interaktion verändert.[12]

Zwei Dinge sind dagegen einzuwenden: Erstens findet bei mehrfachem Blick zum Bild keine *tatsächliche* Veränderung des Bildes statt. Der Betrachter nimmt (wenn überhaupt) neue Aspekte innerhalb des Bildes wahr. Pointiert kann man das am Beispiel des Hasen-Enten-Kopfes explizieren: Der Bildinhalt bleibt stets derselbe, aber der Betrachter sieht einmal einen Enten- und das andere Mal einen Hasenkopf.[13]

---

[10] „Über die totalitäre Interaktivität," Lev Manovich, heise online, Zugriff am 28.07.2013, http://www.heise.de/tp/artikel/2/2063/1.html.
[11] Vgl. Ebda.
[12] Bazon Brock, „Uchronische Moderne – Zeitform der Dauer," in: *Formen interaktiver Medienkunst. Geschichte, Tendenzen, Utopien*, hg. v. Peter Gendolla et al. (Frankfurt/M.: Suhrkamp: 2001), S. 215.
[13] Vgl. Ludwig Wittgenstein, „Aspekt und Bild," in: *Ludwig Wittgenstein. Ein Reader*, hg. v. Anthony Kenny (Stuttgart: Reclam, 2005), S. 221 f. Wittgenstein verwendet den Hasen-Enten-Kopf in einem anderen Kontext – zur Beschreibung des Aspektsehens.

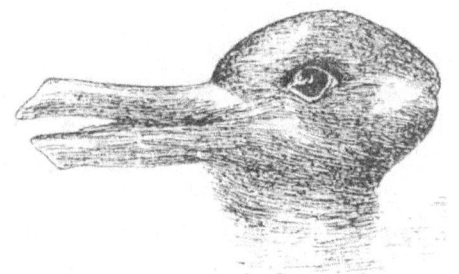

Abbildung 1: Hasen-Enten-Kopf[14]

Zweitens ist der Blickaustausch, welcher sich zwischen dem Betrachter und der Darstellung (zum Beispiel ein Portrait) vollzieht, nur eine scheinbare Interaktion. Das liegt zum einen daran, dass der Blick nicht wirklich erwidert wird und zum anderen daran, dass der Betrachter immer noch eine gewisse Distanz zum Bild wahrt.

> die einführung von technologiebasierten interaktionskonzepten in der kunst beschreibt den übergang von betrachtern zu benutzern. während sich traditionelle kunstwerke mit einem gewissen abstand rezipieren lassen, müssen die benutzer interaktiver werke diese distanz überwinden. sie sind aufgefordert, sich nicht nur intellektuell oder emotional in beziehung zum werk zu setzen, sondern auch körperlich. das interaktive werk erschließt sich erst durch das eingreifende handeln der rezipienten [...].[15]

Dies zeigt, dass Interaktion mehr bedeutet, als etwas zu betrachten. Man muss in das Bild eingreifen und da diese Handlung über den Wahrnehmungsakt hinausgeht, ist es angebracht, einen anderen Terminus für den Bildrezipienten zu verwenden: Geläufig ist es, vom *User*[16] zu sprechen. Dieser Schritt – vom Betrachter zum User – korreliert keinesfalls mit dem von Passivität zur Aktivität, da Teilnahme an Medien prinzipiell immer aktiv ist. „Verschiedene Medien erlauben und fordern verschiedene Arten der aktiven Teilnahme".[17] Nur weil in dem Wort „Interaktivität" der Begriff der Aktivität enthalten ist, bedeutet das nicht, dass das Betrachten passiv sein muss. Die (mentale) inhaltliche Vollendung einer Dar-

---

[14] Joseph Jastrow, „The Mind's eye," in *Fact and Fable in Psychology* (London: Macmillan, 1901), Zugriff am 20.09.2013, http://archive.org/stream/factandfableinp01jastgoog#page/n5/mode/2up. S. 295.

[15] Barriga, a.a.O.

[16] Vgl. Cermak-Sassenrath, a.a.O., S. 13; Vgl. Thomas Meder, „Was ist (heute noch) ein Bild?" in *Bild und Medium. Kunstgeschichtliche und philosophische Grundlagen der interdisziplinären Bildwissenschaft*, hg. v. Klaus Sachs-Hombach (Köln: Herbert von Halem, 2006), S. 102.

[17] Cermak-Sassenrath, a.a.O., S. 57.

stellung oder der visuelle Akt seitens des Betrachters ist schließlich ein aktiver Vorgang, aber kein interaktiver.

3. Die Problematik des Eingreifens

Nachdem der kritische Punkt des Betrachtens aufgeklärt ist, besteht noch ein schwerwiegendes Problem für das Faktum des Eingreifens. Schließlich lassen sich leicht Fälle vorstellen, in denen ebenfalls bei analogen Bildern der Bildinhalt verändert werden kann, beispielsweise indem jemand mit einem Stift einem Gemälde einen Schnurrbart zeichnet. Somit wäre es nicht mehr derselbe Inhalt des Bildes.[18]

Ein Gegenargument ist das der Werkszerstörung, denn ein „Kunstwerk ist, wenn es einmal vom Künstler beendet und fertig gestellt wurde, immer geschlossen."[19] Ein Künstler kann die Bearbeitung seines Bildes

> nicht endlos fortführen, es sei denn um den Preis der Zerstörung, der Annullierung der bereits geleisteten Arbeit. Die in gewisser Weise radikale Entscheidung zum Abbruch der Arbeit als einer Beendigung konnte nur getroffen werden mit Blick auf das Werk als eine Einheit und sei diese auch nur formalistisch definiert.[20]

Der angebrachte Einspruch ist jedoch in vielerlei Hinsicht unzureichend, da es genügend Begebenheiten gibt, welche zeigen, dass ein Eingreifen auf die eine oder andere Weise auch bei analogen Bildern stattfindet. Das zweite Zitat weist zwar darauf hin, dass der Künstler nach der Fertigstellung des Gemäldes nicht mehr eingreift, trotzdem verändert er den Bildinhalt *vor* der Beendigung des Werkes. Hinzukommt erstens die Tatsache, dass eine Person, die ein abgeschlossenes Kunstwerk durch das Verändern zerstört, die Darstellung dennoch bearbeitet hat und zweitens, dass es Werke gibt, die niemals abgeschlossen sind, in denen der Künstler den Betrachter zum Weiterführen des Werkes und folglich zum inhaltlichen Eingriff auffordert.[21]

---

[18] Es ist strittig, ob es überhaupt noch als dasselbe Bild angesehen werden kann.
[19] „Das Bild als System," Hans Dieter Huber, Zugriff am 02.07.2013, http://www.hgb-leipzig.de/artnine/huber/aufsaetze/bild_als-system.pdf, S. 28.
[20] Brock, a.a.O.
[21] Digitalbilder sind grundsätzlich unabgeschlossen oder unvollendet, außer sie werden analogisiert (zum Beispiel durch einen Ausdruck), wodurch sie einen Zustand der Abgeschlossenheit erreichen. Es gibt jedoch schreibgeschützte Digitalbilder, welche etwa aufgrund des Copyrights nicht verändert werden dürfen oder können und demzufolge als vollendet gelten. Man könnte zwar einen Screenshot machen und das Bild in ein anderes Programm einfügen und bearbeiten, fraglich ist aber, ob noch vom ursprünglichen Bild ausgegangen werden kann, da es sich beim Screenshot um eine Kopie handelt.

Da der Einwand also widerlegt ist, bestätigt sich, dass die Begriffsfestlegung von Interaktion als Eingreifen in den Inhalt des Bildes zu schwach ist, um als das Spezifikum des digitalen Bildes aufgefasst zu werden, weil sie ebenso auf Analogbilder anwendbar ist. Wenn die Interaktionsthese[22] gerettet werden soll, müssen noch einige Punkte zum Definiens (dem Definierenden) hinzugefügt werden. Festzuhalten bleibt, dass der Eingriff des Users keine hinreichende, wohl aber eine notwendige Bedingung für Interaktivität bildet.

4. Wechselseitigkeit und Systemkopplung

Die einfachste Antwort auf die Frage, wo digitale Bilder zu verorten sind, ist: auf Computern. Diese Feststellung, so simpel und trivial sie erscheinen mag, ist elementar für das weitere Vorgehen, weil diese Lokalisierung den entscheidenden Hinweis liefert, wo die Überlegungen hinsichtlich der Interaktion fortgeführt werden müssen – nämlich bei der Beziehung zwischen dem User und der Maschine.

Zwischen diesen beiden Komponenten besteht eine Wechselseitigkeit, welche wichtig für den Interaktionsaspekt ist und sich am besten durch Termini aus der Informatik erklären lässt. Hier wird von einem Dialog zwischen Mensch und Computer ausgegangen.

> Ein Dialog zwischen Mensch und Maschine kommt typischerweise immer dann zustande, wenn die Maschine in Kooperation mit dem Menschen eine Aufgabe zu bewältigen hat und dies in mehreren Schritten erfolgen muss, bei denen die Maschine sowohl Eingaben des Menschen verarbeitet als auch Ausgaben über den Status der Maschine bzw. der bisher bewältigten Aufgabe zurückmeldet.[23]

Der Computer kann somit die Befehle sowie die Eingaben des Users *erkennen* (im Sinne von registrieren), führt diese aus und gibt zudem Rückmeldungen. Er kann in dieser Hinsicht als ein (artifizieller) Agent gesehen werden und wird auf bestimmte Weise vermenschlicht. Für das Digitalbild bedeutet das: Indem der User über den Computer in die Darstellung eingreift und diese verändert, werden Eingaben getätigt, welche von der Maschine erfasst und als Aufgabenstellung absolviert werden. Im Gegensatz dazu steht das analoge Bild, wie der paradigmatische Fall des Gemäldes. Greift der User in ein analoges Bild ein, zeigt

---

[22] Die Interaktionsthese ist die Behauptung, dass die Interaktion der spezifische Unterschied zwischen analogen und digitalen Bildern ist.
[23] Joachim Schenk und Gerhard Rigoll, *Mensch-Maschine-Kommunikation. Grundlagen von sprach- und bildbasierten Benutzerschnittstellen* (Berlin/Heidelberg: Springer-Verlag, 2010), S. 107.

dieses im Gegensatz zum Digitalbild keine Erwiderung. Er kann zwar beispielsweise mit einem Stift einen Input geben, aber das Gemälde registriert diesen Prozess nicht, reagiert darauf nicht und genauso wenig bearbeitet es eine gestellte Aufgabe. Es findet einfach keine Kooperation respektive kein Dialog[24] statt, weil der User zwar als operierende Instanz gegeben ist, aber ein Agent wie der Computer beim Digitalbild fehlt.

Zusammengefasst sind „[d]er ständige Austausch und die wechselseitige Bezugnahme"[25] zwischen Mensch und Computer wichtige Faktoren bei Interaktivität. Eine Wechselseitigkeit ist eigentlich schon im Begriff der Interaktion impliziert. Dementsprechend ist es tautologisch, von einer wechselseitigen Interaktion zu sprechen. Gleichwohl muss dieser Punkt aufgenommen werden, weil im Laufe der Debatte der Interaktionsbegriff abgeschwächt wurde, sodass es zu der oben geschilderten Problematik gekommen ist. Interaktion setzt sich demnach aus dem kontrollierenden und entscheidenden Eingriff des Users in den Inhalt des Bildes sowie einer auf Ein- und Ausgaben basierenden Wechselseitigkeit zusammen.

Eine durchaus signifikante Konsequenz der so verstandenen Interaktion ist, dass eine Kopplung an den Computer zustande kommt. Diese Annahme geht zurück auf eine Position aus der Philosophie des Geistes. Andy Clark und David Chalmers haben die These der erweiterten Kognition (kurz: EK-These) aufgestellt. Zusammengefasst besagt sie, dass sich das kognitive System in die Umwelt beziehungsweise Umgebung sowie „externe [...] Hilfsmittel und Werkzeuge"[26] erweitert.[27]

Zur Illustration dieser Annahme soll ein Exempel der beiden Autoren herangezogen werden, welches sich ebenso dazu eignet, das bisherige aufzugreifen sowie mit dem Neuen zu verbinden. Es handelt sich um das bekannte Spiel Tetris. Die Regeln sind sehr simpel: Es gibt diverse aus vier Einheiten bestehende Figuren, die vom oberen zum unteren Bildschirmrand gleiten. Man kann diese von links nach rechts verschieben und um 90° drehen. Am unteren Ende sollte eine lückenlose

---

[24] Unzweifelhaft ist es kein Dialog im herkömmlichen, sondern im informatischen Sinn. Die Person 'unterhält' sich nicht wirklich mit dem Computer. Außerdem spielen bei einem eigentlichen Dialog vielmehr Faktoren eine Rolle – wie Gestik, Mimik, Stimmhöhe usw.
[25] Britta Neitzel, „Involvierungsstrategien des Computerspiels," in *Theorien des Computerspiels. Zur Einführung*, hg. v. GamesCoop (Hamburg: Junius, 2012), S. 75.
[26] Holger Lyre, „Erweiterte Kognition und mentaler Externalismus," *Zeitschrift für philosophische Forschung* Band 64, Nr. 2 (2010): S. 194.
[27] Vgl. Ebda.

Reihe entstehen, welche bei Fertigstellung verschwindet. Ziel ist es, so viele Reihen wie möglich zu komplettieren.[28]

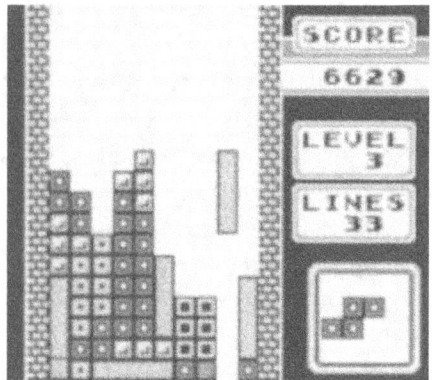

Abbildung 2: Tetris für den Gameboy[29]

Es existieren zwei Wege, um diese Aufgabe zu absolvieren. Entweder der User dreht die Steine mental und führt es dann über das Eingabegerät (bei einer Konsole ist das der Controller) aus oder er lässt sie schon auf dem Bildschirm rotieren und bringt sie in die passende Position. Stellen wir uns vor, eine weitere Alternative kommt hinzu: In ungewisser Zukunft gibt es Neuro-Implantate, welche einen Vorteil bei den Rotationen erlaubt, d. h., wenn der User an eine Rotation denkt, sorgt der neuronale Chip dafür, dass sich die Figur auf dem Display dreht. Das führt zu schnelleren Ergebnissen als die normale mentale Rotation, die aber immer noch möglich ist. Niemand würde bezweifeln, dass sowohl der erste als auch der dritte Fall kognitive Prozesse sind. Clark und Chalmers meinen zusätzlich, dass auch der zweite Fall in das Schema passt:

> Fall (2) mit dem Rotationsschalter zeigt dieselbe Art rechnerischer Struktur [*computational structure*] wie Fall (3), verteilt auf den Handelnden und Computer anstatt der Internalisierung in den Handelnden.[30]

Die Autoren schlussfolgern, dass der zweite Fall ebenfalls kognitiv ist. In allen drei Sachverhalten „ist der menschliche Organismus mit einer externen Entität in einer wechselseitigen Interaktion verbunden, sodass ein *gekoppeltes System* ent-

---

[28] Vgl. Andy Clark und David Chalmers, „Der erweiterte Geist," in *Grundkurs Philosophie des Geistes*, Band 3, *Intentionalität und mentale Repräsentation*, hg. v. Thomas Metzinger (Paderborn: mentis, 2010), S. 502.

[29] Tetris-Screenshot (Gameboy), Zugriff am 20.09.2013, http://upload.wikimedia.org/wikipedia/de/9/9e/Tetrisgb.jpg.

[30] Vgl. Andy Clark und David Chalmers, a.a.O., S.502

steht."³¹ Der spielende User integriert die Eingabegeräte und den Bildschirm in sein kognitives System und nutzt den Computer als ein elektronisches, kognitives Hilfsmittel.³²

In der heutigen Zeit ist die Nutzung interaktiver Systeme als ein Werkzeug, um „das mentale Leben zu externalisieren",³³ gebräuchlich. Das Smartphone ist eine Art Wissensspeicher – so werden etwa in einer Vorlesung Tafelbilder nicht abgeschrieben, sondern abfotografiert oder anstatt sich die Öffnungszeiten eines Geschäfts zu merken, wird ein Bild davon gemacht. Dieses Externalisieren kognitiver Prozesse mittels Computer geht mit der Kopplung einher. Es müssen bestimmte Kriterien erfüllt sein, damit zum Beispiel ein Smartphone als mentales Hilfsmittel angesehen und von erweiterter Kognition gesprochen werden kann:

> So sollten die Komponenten jederzeit direkt und unmittelbar für das kognitive System *zugänglich* sein. Sie müssen ferner, bezogen auf die Zeitskala der Aufgabenstellung, *stabil und robust* im Zugriff sein. Schließlich müssen externe Komponenten *zuverlässig* [...] sein.³⁴

Ein Computer kann nicht als Wissensspeicher fungieren, wenn der User ihn nur einmalig nutzt und ansonsten unbeachtet lässt. Er muss eine Konstante im Alltag bilden und beinahe ständig disponibel sein. Zuverlässig ist das Gerät, wenn es zur Verfügung steht, sobald der User es benötigt. Des Weiteren sollte während des Eingreifens nichts gegen die Erwartung des Users passieren. Demensprechend muss der Computer eine gewisse Beständigkeit hinsichtlich seiner Prozesse aufweisen.³⁵

5. Kritik an der Interaktionsdefinition

Es scheint, dass endlich eine zufriedenstellende Festlegung des Interaktionsbegriffs erfasst wurde. Da der User sich den Computer als Agenten für seinen Eingriff in die Darstellung zunutze macht, sind signifikante Unterschiede zwischen Analog- und Digitalbilder zu verzeichnen.

---

[31] A.a.O., S. 503.
[32] Vgl. Lyre, a.a.O., S. 195.
[33] Manovich, a.a.O.
[34] „Die These der erweiterten Kognition," Holger Lyre, Zugriff am 02.09.2013, http://www.lyre.de/Lyre-InfoPhil2011.pdf, S. 3.
[35] Vgl. Clark und Chalmers, a.a.O., S. 506ff. Es können mitunter Entkopplungen auftreten; allerdings sind diese nicht relevant, wenn prinzipiell von einer Verlässlichkeit ausgegangen wird.

Stellen wir uns diesbezüglich jedoch ein weiteres Szenario vor. Ein Künstler ist alt geworden und kann den Pinsel nicht mehr so handhaben, wie er es einst konnte. Er stellt Gehilfen ein, die ihn bei der Fertigstellung und Veränderung seiner Werke unterstützen. Diese Gehilfen wären dann nichts anderes als Agenten (wie der Computer), womit all die Aspekte hinzukommen, wodurch sich das Digital- vom Analogbild abheben konnte: Es besteht eine Wechselseitigkeit zwischen dem Künstler und seinen Gehilfen, die seine Befehle registrieren, den Inhalt des Bildes verändern und Rückmeldung geben.

Ein alltäglicheres Beispiel wäre das folgende: Statt mit einem Navigationsgerät zu interagieren, kann der Fahrer eines Autos auch mit dem Beifahrer, welcher eine Straßenkarte betrachtet, interagieren. Der Beifahrer kann Rückmeldungen geben sowie den Bildinhalt verändern, indem er mit einem Stift die gefahrene Route einzeichnet. Obwohl das Navigationsgerät mehr Optionen anbietet, ändert sich nichts an der Gegebenheit, dass der Beifahrer oder vielmehr der Fahrer mit Hilfe des Beifahrers die Darstellung der Straßenkarte bearbeitet.[36]

In beiden Fällen tritt die Person in eine wechselseitige Relation mit einem System respektive Agenten, wodurch eine Interaktion hinsichtlich analoger Bilder entsteht. Ferner tritt auch hierbei eine Kopplung auf. Die Gehilfen sowie der Beifahrer werden wie der Computer zu kognitiven Werkzeugen, die der Künstler beziehungsweise der Fahrer in sein kognitives System aufnimmt.

Die Wechselseitigkeit ist erneut *nur* eine notwendige Bedingung für die Interaktion und ist zusammen mit dem Eingreifen noch nicht hinreichend für eine Definition, welche Interaktivität als spezifischen Unterschied zwischen Digital- und Analogbild festlegt.[37]

In Verbindung damit ist ein weiterer Sachverhalt zu explizieren. Obgleich Interaktion auf die bisher beschriebene Art akzeptiert werden würde, interagiert der User vordergründig mit dem System. Wie schon ausgeführt, befindet er sich in einer wechselseitigen Beziehung mit dem Computer, tätigt Eingaben und bekommt Rückmeldungen. In diesem Sinne findet eine Interaktion auf einer technischen Ebene statt und nicht auf einer bildlichen.

> Interaktivität kommt also nicht einfach bestimmten Bildern als solchen zu; sie wird vielmehr erzeugt durch das interaktive technische System [...]. [...] Im

---

[36] Vgl. „Interaktives Bild," Jörg R.J. Schirra, Glossar der Bildphilosophie, Zugriff am 01.08.2013, http://www.gib.uni-tuebingen.de/netzwerk/glossar/index.php?title=Interaktives_Bild.

[37] Die vorgestellten Szenarien sollen keinesfalls aufzeigen, dass Menschen und Computer als gleichwertig intelligente Agenten zu betrachten sind. Dass die Maschine eine *Künstliche Intelligenz* ist, bildet eine ganz eigene Diskussion, auf welche in diesem Beitrag nicht weiter eingegangen werden soll. Unter dem Begriff „Agent" soll an dieser Stelle nur etwas verstanden werden, womit der User in einer wechselseitigen Beziehung steht.

aktuellen Zusammenhang geht es tatsächlich lediglich um 'technische Interaktivität', womit zunächst bezeichnet wird, dass ein technisches Gerät überhaupt oder sogar in besonders ausgeprägter Weise auf Benutzeraktivitäten reagiert.[38]

Beschränkt man sich lediglich auf die technischen Faktoren der Interaktion, dann wird speziell eines deutlich: Nicht das Bild ist interaktiv, sondern das System. Folglich stellt die Interaktivität keinen Unterschied zwischen analogem und digitalem Bild dar, insofern man von Bildern *per se* ausgeht. Selbst bei Konzepten wie der *direct manipulation* wird der direkte Umgang mit dem Digitalbild nur fingiert. „Die *direct manipulation* gibt dem *computer user* das Gefühl, nicht eine Maschine zu bedienen oder Anweisungen zu geben, sondern unmittelbar mit dem für ihn relevanten Inhalten [...] umzugehen."[39] Für den Computer existieren die Bilder nur in codebasierter Form, d. h., wenn der User in den Bildinhalt eingreift und diesen verändert, beeinflusst er eigentlich den Bildcode und nicht die Darstellung *per se*. Es *wirkt* direkt, weil die Rückkopplung und somit die Veränderung des Bildes in Echtzeit ablaufen. Der User bearbeitet den Inhalt des Bildes vermeintlich unmittelbar und nicht dessen Code.[40]

Damit der User überhaupt eine Art Zugriff auf das Bild beziehungsweise den Bildcode erhält, sind gewisse Hilfsmittel erforderlich. Nur mittels Ein- und Ausgabegeräte sowie Interfaces hat er die Möglichkeit, das Bild zumindest indirekt zu verändern. Der Bildschirm als Ausgabegerät erlaubt es, überhaupt Computeraktivitäten und vor allem das Interface wahrzunehmen. Das Touchpad und die schon fast antiquiert erscheinende PC-Maus sorgen dafür, dass der User Kontrolle innerhalb des Computersystems ausüben kann.[41] Das Interface ermöglicht es erst, das Bild und in dem Sinne die Darstellung zu sehen. Ohne eine Benutzeroberfläche würde der User die Prozesse des Rechners erblicken und somit nur Codes. Es verschleiert dementsprechend die Unterfläche. An dieser Stelle rückt eine Diskriminierung von Ober- und Unterfläche ins Zentrum der Untersuchung, welche auf Frieder Nake zurückgeht.

---

[38] Schirra, a.a.O.
[39] Cermak-Sassenrath, a.a.O., S. 36.
[40] Vgl. Schirra, a.a.O.
[41] Vgl. Cermak-Sassenrath, a.a.O., S. 80.

> Die Oberfläche des digitalen Bildes ist *sichtbar*, während die Unterfläche *berarbeitbar* ist. Die Oberfläche besteht für den Benutzer, die Unterfläche für den Prozessor (mit Programm). [...] Die sichtbare Oberfläche des Bildes wird zum *Interface* seiner unsichtbaren Unterfläche.[42]

Hier wird dadurch erneut exemplifiziert, dass der User nur die Unterfläche und demnach den Code verändern kann. Jedes Digitalbild wird zum Interface seiner selbst, womit mehrere Ebenen des Interfaces aufkommen. Schließlich ist der Desktop ebenso eine Benutzeroberfläche.

> Vor diesem Hintergrund wird [außerdem] deutlich, dass es im [Digitalbild] keinen Sinn macht, Bild und Interaktion getrennt zu betrachten, das Oberfläche und Unterfläche nicht losgelöst voneinander verändert werden können [...].[43]

Das *Bild an sich* ist in diesem Kontext ein fragwürdiger Gegenstand. Die Codeebene gehört genauso zum Bild wie die Darstellung und gleichwohl der User in erster Linie mit dem Computer interagiert, ist das Bild in das System integriert. In welcher Weise sollte sonst von bildlicher Interaktion die Rede sein?

6. Träger-Inhalt-Relation

Die bisherigen Rettungsversuche scheiterten, weil sich die These der Interaktivität als die *differentia specifica* des digitalen Bildes immer destruieren ließ. Der Grund ist, dass sich immer Fälle konstruieren lassen, welche illustrieren, dass nicht nur mit digitalen Bildern auf die diktierte Weise interagiert werden kann, sondern auch mit analogen Bildern.

Ein Punkt wurde dabei bisher unberücksichtigt gelassen, nämlich die Beziehung zwischen dem Bildträger und dem Bildinhalt: Der Versuch das Bildphänomen durch die Aufspaltung in einzelne Komponenten zu fassen, bringt zusätzliche Schwierigkeiten mit sich. So wird bei der Dreiteilung in darstellendes Material, Darstellung und dargestelltes Sujet meist auf die externe Beziehung zwischen den letzten beiden Relata eingegangen oder der Fokus speziell auf den zweiten Punkt gelegt. Dem Bildträger bleibt die Aufmerksamkeit (größtenteils)

---

[42] Frieder Nake, „Das doppelte Bild," in *Bildwelten des Wissens. Kunsthistorisches Jahrbuch für Bildkritik* Band 3, Nr. 2, *Digitale Form*, hg. v. Margarete Pratschke (Berlin: Akademie Verlag, 2006), S. 47ff.
[43] Beil, a.a.O., S. 51.

verwehrt.⁴⁴ Dabei ist es gerade dieses Element und dessen Beziehung zum Bildinhalt, welche es zu analysieren gilt.

Der Träger ist der konkrete Gegenstand – die darstellende, „materielle Entität".⁴⁵ Je nachdem, ob wir eine Fotografie oder ein Gemälde vor uns haben, variiert das Material. Der Bildinhalt ist, wie aus dem bisherigen Kontext ersichtlich wird, gleichbedeutend mit der (bildlichen) Darstellung und als dasjenige zu verstehen, was auf dem Träger für den Betrachter/User zu sehen ist.⁴⁶ Für die vorliegende Untersuchung ist die bildinterne Relation relevant, weil diese über die Verifikation oder Falsifikation der Interaktionsthese bestimmt.

Am Anfang des Textes wurde Interaktion als Eingreifen in das Bild sowie das Verändern des Bildinhalts bestimmt (Aspekte wie Wechselseitigkeit werden der Einfachheit halber in diesem Teil unberücksichtigt gelassen). Da der Bildinhalt nicht ohne den Bildträger auftreten kann, bedeutet das, eine Veränderung des Inhalts korreliert immer mit einer Veränderung des Trägers. Dies geschieht notwendig – in den Bildinhalt kann nicht eingegriffen werden, ohne dass zeitgleich das Material beeinflusst wird. Zumindest ist das bei Analogbildern der Fall, denn sobald wir uns mit dem Träger-Inhalt-Verhältnis bei digitalen Bildern auseinandersetzen, ändert sich etwas: Eine Person kann in den Bildinhalt eingreifen, ohne dabei den Träger umzugestalten. Gewiss wäre es vorstellbar, dass jemand auf den Bildschirm einen Schnurrbart malt und wie beim analogen Bild sowohl Träger als auch Inhalt ändert. Trotzdem besteht die Möglichkeit, nur den Bildinhalt zu ändern.

Dieser Gedankengang ist durchaus attraktiv, sollte aber angesichts der Debatte um die bildinterne Relation hinterfragt werden. Zunächst ist unklar, was bei einem digitalen Bild alles als Träger anerkannt wird. Da dieser als etwas Physisches definiert ist, schließt das die Bilddatei aus. Der Träger als das darstellende Element wäre der Bildschirm. Außerdem wird ein Datenträger wie die Festplatte benötigt, welcher als Träger für die Bilddatei fungiert. Nur diesen als Bildträger zu erfassen, wäre nicht hinreichend. Während nämlich ein analoger Bildträger den Bildinhalt

---

⁴⁴ Vgl. Marcel Finke und Mark A. Halawa, „Körperlose Angelegenheit," in *Materialität und Bildlichkeit. Visuelle Artefakte zwischen Aisthesis und Semiosis*, hg. v. Marcel Finke und Mark A. Halawa (Berlin: Kulturverlag Kadmos, 2012), S. 89.
⁴⁵ Lambert Wiesing, *Artifizielle Präsenz. Studien zur Philosophie des Bildes* (Frankfurt/M.: Suhrkamp, 2005), S. 44.
⁴⁶ An dieser Stelle können keine genaueren Definitionen geliefert werden, weil es vom jeweiligen bildtheoretischen Ansatz (phänomenologisch, zeichentheoretisch, anthropologisch usw.) abhängt, wie die Begriffe exakt zu fassen sind. Es wird sogar in den diversen Positionen mit unterschiedlichen Ausdrücken gearbeitet, so fasst beispielsweise die phänomenologische Ausrichtung die Darstellung als Bildobjekt auf. Ich halte die Termini vorteilhaft vage, damit im Rahmen des Beitrags mit diesen gearbeitet werden kann, ohne konkret Stellung zu beziehen. Vgl. Wiesing, a.a.O., S. 17-36.

sofort bei der Betrachtung preisgibt, würde beim Taxieren des Datenträgers kein Bildinhalt zu sehen sein; erst wenn der Bildschirm als Träger hinzukommt. „Es gibt keine Daten ohne Datenträger. Es gibt keine Bilder ohne Bildschirme."[47]

Das Abhängigkeitsverhältnis von Träger und Darstellung ist nicht abzustreiten. Wie sollte eine Person den Inhalt eines (digitalen) Bildes wahrnehmen, ohne dass beispielsweise ein Monitor gegeben ist, auf welchem dieser erscheint? Zudem wirkt das Material erheblich auf den Bildinhalt ein. Während bei einem analogen Bild wie einer Fotografie zwischen matt und Hochglanz gewählt werden kann oder bei Gemälden der Künstler auf die Qualität der Leinwand (falls er nicht sogar einen anderen Untergrund wählt) achtet, sind bei Digitalbildern Dinge wie die Art des Monitors: Röhre, LCD, LED sowie die Grafikkarte, welche die Auflösung bestimmt, relevant. Das Vorhaben, die Darstellung vom Bildträger loszulösen und als „eine Sache aus reiner Sichtbarkeit"[48] aufzufassen, ist demnach ein schwieriges oder gar unmögliches Unterfangen.

> Dass es sich bei dem Darstellenden, also dem Bildträger um ein Objekt handelt, ist unstrittig. Dem im Bild Sichtbaren einen ontologischen Status zusprechen, es von der materiellen Substanz des Bildträgers trennen und es als davon unabhängiges Objekt bezeichnen, ist allerdings eine kritische Vorgehensweise. Der Darstellung wird nämlich eine eigene substanzunabhängige Seinsweise zugestanden, so als ob es eine eigenständige Realität wäre, zu der wir nur durch unsere visuelle Wahrnehmung Zugang hätten.[49]

Die Darstellung als einen Gegenstand zu verstehen, welcher sich von der dinglichen Welt abspaltet, führt zu einem schwer zu fassenden Dualismus.[50] Zudem stellt sich die für die Untersuchung signifikante Frage, wie mit einem solchen nur sichtbaren und von Materialität entbundenen Objekt via Computer interagiert werden sollte?[51]

---

[47] „Das digitale Bild gibt es nicht. Über das (Nicht-) Wissen der Bilder und die informatische Illusion," Claus Pias, Zeitenblicke, Zugriff am: 01.08.2013, http://www.zeitenblicke.de/2003/01/pias/, §53.

[48] Wiesing, a.a.O., S. 121.

[49] Matthias Händler, „Phänomenologie, Semiotik und Bildbegriff: Eine kritische Diskussion," in *Image* Band 13 (2011), Zugriff am: 28.07.2013, http://www.gib.uni-tuebingen.de/own/journal/pdf/buch_image13.pdf, S. 27.

[50] Auf der einen Seite gibt es den konkreten (fassbaren) Träger des Bildes und auf der anderen Seite die Darstellung als immaterielle Entität, die keine Verbindung zum darstellenden Material aufweisen soll. *In facto* wird jedoch der Bildinhalt erst durch den Träger sichtbar und heftet diesem auf eine gewisse Weise an. Wenn das nur Sichtbare ‚im Kopf' des Users verortet werden sollte, muss außerdem auf die Unterscheidung zwischen externen und internen Bildern Rücksicht genommen werden.

[51] Vgl. Finke und Halawa, a.a.O., S. 93f.

Ferner kann es sein, dass in Anbetracht des digitalen Wandels der Terminus des Bildträgers oder sogar die Teilung in Träger und Inhalt anachronistisch ist. Es ist kompliziert, den Bildcode in diese Aufteilung einzugliedern. Zu welcher Komponente gehört er?

An dieser Stelle kann erneut Nakes Aufteilung der Ober- und Unterfläche zurate gezogen werden. Die Oberfläche entspricht dem Bildinhalt und „[z]ur Unterfläche gehört das und nur das, was als Datenstruktur und Algorithmus vorhanden ist"[52] – also der Bildcode. Wird der Bildträger als Untergrund oder Unterfläche verstanden, wäre demnach der Code der Träger des Bildes. Vor dem Hintergrund der Entmaterialisierung kann dann der Bildträger sogar etwas nicht Physisches sein. Schließlich gehört die Datei ebenfalls zum Darstellenden, da trivialerweise ohne eine solche kein Bild existieren würde. Eine derartige Neuauffassung des Trägerbegriffs bedeutet, dass auch bei digitalen Bildern eine Beeinflussung des Bildinhalts mit einer Veränderung des Trägers einhergeht.

Wenn man die Annahme, dass der Code der Träger (neben dem Bildschirm und der Festplatte) des Bildes ist, nicht akzeptiert, könnte man alternativ die Auffassung eines analogen Bildträgers ändern. Anstatt diesen „als bemalte und eingerahmte Leinwand, als dieses bedruckte Papier usw."[53] zu begreifen, wobei die aufgetragene Farbe genauso zum Träger gehört, definiert man diesen als dasjenige, was *unter* der Darstellung ist – die Leinwand oder das Fotopapier *per se*. Daraus lässt sich die Konklusion ziehen, dass das Bearbeiten des Bildinhalts nicht mit einer Veränderung des Bildträgers korreliert, weil es sich letztendlich um das Auftragen einer weiteren Farbschicht handelt und nicht darum, das Material wie beispielsweise die Leinwand zu zerstören oder etwas darin einzuritzen.

7. Fazit und Ausblick

Die im letzten Abschnitt aufgestellten Thesen bezüglich der Korrelation von Bildinhalt und dem Träger zeigen, dass eine Diskussion um die Interaktivität nur über eine Auseinandersetzung mit der Ontologie des (digitalen) Bildes einhergeht. Sollte man eine der letzten beiden Annahmen hinsichtlich der Definition des Bildträgers akzeptieren, dann muss ebenso der Fakt hingenommen werden, dass Interaktivität

---

[52] Nake, a.a.O., S. 47.
[53] Edmund Husserl, „Phantasie, Bildbewusstsein, Erinnerungen. Zur Phänomenologie der anschaulichen Vergegenwärtigung," in *Husserliana* Band 23, hg. v. Marbach (Den Haag: Martinus Nijhoff, 1980), S. 18f.

vom analogen zum digitalen Bild letztlich nur eine graduelle Angelegenheit ist. Schließlich ist das Merkmal bei beiden gegeben.

Festzuhalten ist, so wie der Interaktionsbegriff definiert wurde, als ein kontrollierendes und entscheidendes Eingreifen des Users in den Inhalt des Bildes in Verbindung mit einer auf Ein- und Ausgaben basierenden Wechselseitigkeit, hat dieser eine zu große Reichweite, um nur dem digitalen Bild zu zukommen. Es sind zwei Optionen vorhanden, unter denen man wählen kann: Entweder der Terminus der Interaktion wird weiter modifiziert oder besser gesagt restringiert; oder man lässt die Interaktionsthese fallen und akzeptiert, dass die Eigenschaft der Interaktivität sowohl bei analogen als auch bei digitalen Bildern vorkommt. Eine Möglichkeit wäre es dann, eine neue Kategorie zu erstellen – die interaktiven Bilder.

Die Interaktivität in der digitalen Domäne ist dessen ungeachtet ausbaufähiger als im analogen Bereich. Das Verlangen nach Interaktion wächst stetig und folglich werden ständig neue Technologien entwickelt, um besser mit dem Computer interagieren zu können. In der Konsolenbranche kam der Trend auf, mehr als nur die Hände beim *Gaming* einzusetzen. In der Kunstwelt ist diese Entwicklung ebenfalls zu finden:

> besondere aufmerksamkeit bei der künstlerischen verbindung von technischer und menschlicher aktion erfährt die entwicklung außergewöhnlicher benutzeroberflächen, welche die rezipienten von den herkömmlichen schnittstellen wie tastatur oder maus lösen. dabei werden entwender die körperlichen bewegungen über sensoren ermittelt und direkt an das system übertragen, oder umfunktionalisierte alltagsobjekte als schnittstellen dazwischengeschaltet [...].[54]

Die motorischen Fähigkeiten des Menschen erfüllen dabei stets eine wesentliche Funktion. Es gibt allerdings auch Möglichkeiten der Interaktion, wobei keine Gliedmaßen benutzt werden müssen – wie zum Beispiel beim *Eye Tracking*[55] oder beim *Brain Painting*[56] Verfahren.

---

[54] Barriga, a.a.O.

[55] Die Position der Augen wird mittels einer installierten Kamera registriert. Die grobe Blickrichtung wird von der Software erkannt und am Bildschirm umgesetzt. Auf diese Weise kann der User beispielsweise scrollen oder mittels Zwinkern eine Anwendung starten. Vgl. „Handy-Nutzung per Augenerkennung," Kristina Grifantini, heise online, Zugriff am 27.09.2013, http://www.heise.de/tr/artikel/Handy-Nutzung-per-Augenerkennung-1006200.html.

[56] Vgl. Miriam Berger, „Kunst aus dem Kopf," *Gehirn und Geist* Nr. 3 (2013): S. 48; Es wird mittels Augenbewegung und Konzentration eine Darstellung erzeugt. Die Funktionsweise sieht folgendermaßen aus: Es wird mit zwei Monitoren gearbeitet. Auf dem einen ist das Kunstwerk zu sehen – dieser fungiert als Leinwand, und auf dem anderen sind diverse Symbole abgebildet, womit das System bedient wird. Wenn man sich auf eine Matrixzelle konzentriert, erleuchten die Zeichen kurz

Der digitale Wandel hat vieles Neuartiges mit sich gebracht. Das Erzeugen von Bildern ohne Zuhilfenahme des Computers wirkt schon fast antiquiert. Fotografien werden mit Digitalkameras aufgenommen sowie am Rechner nachbearbeitet und Zeichnungen werden durch spezielle Inputsysteme und Programme auf dem Bildschirm sichtbar gemacht – eine Leinwand im herkömmlichen Sinn ist nicht mehr nötig.

Trotzdem ist es schwierig, den genauen Unterschied zwischen analogen und digitalen Bildern zu eruieren. Ein Grund ist der, dass das digitale Bild die bisherigen Bildmedien in sich aufnimmt und nachahmt.[57] Vermutlich besteht eine weitere Ursache: Das digitale Bild täuscht uns. Die meisten Differenzen, die konstatiert werden, sind im eigentlichen Sinne Erweiterungen, d. h., das Digitalbild spielt mit dem Ausmaß. Eine Vielzahl der Varianzen sind nur graduelle Angelegenheiten. So wird beispielsweise oft bemerkt, dass das digitale Bild im Gegensatz zum analogen Bild ein manipulierbares Bild ist. Dies stellt sich jedoch als Irrtum heraus, da analoge Bilder – wie Fotografien – genauso manipuliert werden können. Digitalbilder können nur in einem (aufgrund der mannigfaltigen Möglichkeiten) größeren Umfang verändert werden.

Die Täuschung, dass das Digitalbild ein spezifisches Unterscheidungsmerkmal besitzen muss, entsteht durch die intuitiv gestellte Bedingung, dass es etwas geben müsse, das unterschiedlich im Vergleich zu den bisherigen analogen Bildern sei. Sicherlich gibt es einen technologischen Unterschied in der Speicherungsform, aber an dieser Stelle die *differentia specifica* zu setzen, wäre aus meiner Sicht uninteressant und trivial.

Die Auseinandersetzung mit der Interaktivität von Bildern und dem Computer zeigte, dass es auch hier zu einer Täuschung kommt. Alle relevanten Punkte und Versuche die Interaktion als das Spezifikum des digitalen Bildes zu konstatieren, konnte durch das Aufstellen bestimmter Fälle widerlegt werden. Zum Schluss bleibt die Frage offen, ob überhaupt eine *differentia specifica* des Digitalbildes existiert.

Die *Auflösung* des Unterschieds zwischen analog und digital würde das Phänomen der Postdigitalität verständlich machen. Die Forschung hierzu ist noch ein relativ junges Gebiet und entwickelt sich gerade erst im deutschsprachigen Raum. Die Tendenz in der Postdigitalität geht dahin, der Unterscheidung zwischen den

---

in einem bestimmten Muster. Der Ausschlag wird mittels eines EEGs (Ein EEG ist ein Elektroenzephalogramm – ein Gerät, mit dem Hirnströme gemessen werden.), an dem man angeschlossen ist, registriert und das System erkennt, welches Symbol die Aufmerksamkeit erregt hat. Folglich wird dieses ausgewählt.

[57] Vgl. Sachs-Hombach, a.a.O., S. 233.

Begriffen „analog" und „digital" die Relevanz abzusprechen, weil diese Termini nicht diametral zueinander sind. Die analoge und die digitale Domäne durchdringen sich vielmehr gegenseitig.

„Postdigitalität" deutet außerdem darauf hin, dass die digitale Revolution bereits zu Ende ist, wie Negroponte postuliert.[58] Der Wandel, von dem im vorliegenden Buch die Rede ist, hat sich bereits vollzogen. Dieses Ende ist nicht damit gleichzusetzen, dass es keine digital-technologische Entwicklungen mehr gibt. So werden Smartphones kontinuierlich verbessert und darüber hinaus ist das Gebiet der Robotik noch nicht vollkommen ausgeschöpft. Vielmehr wird das Ende durch die Akzeptanz der digitalen Technologie in der Alltagskultur charakterisiert. Anders formuliert: Die Digitaltechnologie stellt kein Novum mehr dar. Ein Perspektivenwechsel respektive ein Hinwenden zur digitalen Domäne hat sich bereits realisiert und in den Köpfen der Menschen manifestiert. Gleichwohl wurde dieser Wandel (bild-) wissenschaftlich noch nicht vollständig erfasst und begriffen.

Literatur

Barriga, Elvira. „Interaktion als Aspekt moderner Ästhetik." *Dichtung Digital*. Zugriff am 28.08.2013. http://www.dichtung-digital.org/2004/2/Barriga/index.htm.

Beil, Benjamin. *Avatarbilder. Zur Bildlichkeit des zeitgenössischen Computerspiels*. Bielefeld: transcript, 2012.

Berger, Miriam. „Kunst aus dem Kopf." *Gehirn und Geist* Nr. 3 (2013): S. 46-52.

Brock, Bazon. „Uchronische Moderne – Zeitform der Dauer." In: *Formen interaktiver Medienkunst. Geschichte, Tendenzen, Utopien*, herausgegeben von Peter Gendolla, Norbert M. Schmitz, Irmela Schneider und Peter M. Spangenberg, S. 205-217. Frankfurt/M.: Suhrkamp, 2001.

Cermak-Sassenrath, Daniel. *Interaktivität als Spiel. Neue Perspektiven auf den Alltag mit dem Computer*. Bielefeld: transcript, 2010.

Clark, Andy, und David Chalmers. „Der erweiterte Geist." In *Grundkurs Philosophie des Geistes* Band 3, *Intentionalität und mentale Repräsentation*, herausgegeben von Thomas Metzinger, S. 501-517. Paderborn: mentis, 2010.

---

[58] Vgl. „Beyond Digital," Nicholas Negroponte, Wired, Zugriff am 31.08.2013, http://www.wired.com/wired/archive/6.12/negroponte.html.

Finke, Marcel, und Mark A. Halawa. „Körperlose Angelegenheit." In *Materialität und Bildlichkeit. Visuelle Artefakte zwischen Aisthesis und Semiosis*, herausgegeben von Marcel Finke und Mark A. Halawa, S. 86-108. Berlin: Kulturverlag Kadmos, 2012.

Grifantini, Kristina. „Handy-Nutzung per Augenerkennung." heise online. Zugriff am 27.09.2013. http://www.heise.de/tr/artikel/Handy-Nutzung-per-Augenerkennung-1006200.html.

Händler, Matthias. „Phänomenologie, Semiotik und Bildbegriff: Eine kritische Diskussion." In *Image* Band 13 (2011), S. 2-35. Zugriff am: 28.07.2013. http://www.gib.uni-tuebingen.de/own/journal/pdf/buch_image13.pdf.

Huber, Hans Dieter. „Das Bild als System." Zugriff am 02.07.2013. http://www.hgb-leipzig.de/artnine/huber/aufsaetze/bild_als-system.pdf.

Husserl, Edmund. „Phantasie, Bildbewusstsein, Erinnerungen. Zur Phänomenologie der anschaulichen Vergegenwärtigung." In *Husserliana* Band 23, herausgegeben von Eduard Marbach. Den Haag: Martinus Nijhoff, 1980.

Leggewie, Claus, und Christoph Bieber. „Interaktivität – Soziale Emergenzen im Cyberspace?" In *Interaktivität. ein transdisziplinärer Schlüsselbegriff*, herausgegeben von Claus Leggewie und Christoph Bieber, S. 7-14. Frankfurt/New York: Campus, 2004.

Lyre, Holger. „Erweiterte Kognition und mentaler Externalismus." *Zeitschrift für philosophische Forschung* Band 64, Nr. 2 (2010): S. 190-215.

Lyre, Holger. „Die These der erweiterten Kognition." Zugriff am 02.09.2013. http://www.lyre.de/Lyre-InfoPhil2011.pdf.

Magenheim, Johannes. „Interaktion und Interaktivität im Kontext von Wissenskonstruktion und Nutzung digitaler Medien. Zur Vielfalt des Interaktionsbegriffs." In *Navigationen* Band 8, Sonderheft 1: *Interaktionen.* herausgegeben von Kai Schubert, Sigrid Schubert und Volker Wulf, Marburg: Schüren, 2008. S. 11-41.

Manovich, Lev. „Über die totalitäre Interaktivität." heise online. Zugriff am 28.07.2013. http://www.heise.de/tp/artikel/2/2063/1.html.

McDermott, Bill. „Co-CEO Rede." SAP Hauptversammlung 2012 – 23. Mai 2012. http://www.sap.com/corporate-de/investors/governance/pdf/SAP-2012-Hauptversammlung-Rede-McDermott.pdf.

Meder, Thomas. „Was ist (heute noch) ein Bild?" In *Bild und Medium. Kunstgeschichtliche und philosophische Grundlagen der interdisziplinären Bildwissenschaft*, herausgegeben von Klaus Sachs-Hombach, S. 102-114. Köln: Herbert von Halem, 2006.

Nake, Frieder. „Das doppelte Bild." *In Bildwelten des Wissens. Kunsthistorisches Jahrbuch für Bildkritik* Band 3, Nr. 2: *Digitale Form.* herausgegeben von Margarete Pratschke Berlin: Akademie Verlag, 2006. S. 40-50.

Negroponte, Nicholas. „Beyond Digital." Wired. Zugriff am 31.08.2013. http://www.wired.com/wired/archive/6.12/negroponte.html.

Neitzel, Britta. „Involvierungsstrategien des Computerspiels." In *Theorien des Computerspiels. Zur Einführung*, herausgegeben von GamesCoop, S. 75-103. Hamburg: Junius, 2012.

Pias, Claus. „Das digitale Bild gibt es nicht. Über das (Nicht-) Wissen der Bilder und die informatische Illusion." Zeitenblicke. Zugriff am: 01.08.2013. http://www.zeitenblicke.de/2003/01/pias/.

Sachs-Hombach, Klaus. *Das Bild als kommunikatives Medium. Elemente einer allgemeinen Bildwissenschaft.* Köln: Herbert von Halem, 2006.

Schenk, Joachim, und Gerhard Rigoll. *Mensch-Maschine-Kommunikation. Grundlagen von sprach- und bildbasierten Benutzerschnittstellen.* Berlin/Heidelberg: Springer-Verlag, 2010.

Schirra, Jörg R.J. „Interaktives Bild." Glossar der Bildphilosophie. Zugriff am 01.08.2013. http://www.gib.uni-tuebingen.de/netzwerk/glossar/index.php?title=Interaktives_Bild.

Wiesing, Lambert. *Artifizielle Präsenz. Studien zur Philosophie des Bildes.* Frankfurt/M.: Suhrkamp, 2005.

Wittgenstein, Ludwig. „Aspekt und Bild." in: *Ludwig Wittgenstein. Ein Reader*, herausgegeben von Anthony Kenny, S. 210-230. Stuttgart: Reclam, 2005.

Google Glass: Das digitale Bild im Blick

Lars Stamm

Das digitale Bild ist in der Welt der Bilder zum *primus inter pares*[1] avanciert. Es verändert sich dadurch nicht nur die Bildproduktion und -reproduktion gegenüber den älteren, analogen Bildern – ganz augenfällig im Umfeld der Fotografie –, auch der gesellschaftliche, politische und wirtschaftliche Umgang mit den neuen Bildern[2] und damit wortwörtlich auch der Blick[3] auf sie hat sich verändert. Um die besondere Relation zwischen dem digitalem Bild und dem Betrachter etwas näher zu beleuchten, soll im Folgenden das neue Medium *Google Glass* einer bild- und kunsthistorischen Analyse unterzogen werden (Abb. 1). Die Brille gilt als Vorreiter der *Augmented Reality* (AR) in Massenproduktion und könnte den Blick auf die Welt und die Kommunikation mit ihr verändern.

---

[1] „Im Reich des Digitalen sind alle Bilder der visuellen Alchemie des Zeichenprogrammes unterworfen, das dem Benutzer eine Reihe von Werkzeugen anbietet, mit denen er jede Eigenschaft eines Pixels zu modifizieren vermag. Diese Verbindung der elektronischen Bildwelt mit den digitalen Zeichenprogrammen steht im Zentrum der Unterordnung des Fotos unter die Grafik." Peter Lunenfeld, „Digitale Fotografie. Das dubitative Bild," in *Paradigma Fotografie. Fotokritik am Ende des fotografischen Zeitalters*, hg. v. Herta Wolf (Frankfurt/M., Suhrkamp, 2002), S. 165.
[2] Siehe dazu den Beitrag von Julia Catherine Berger in diesem Band.
[3] Siehe dazu den Beitrag von Henriette Roth in diesem Band.

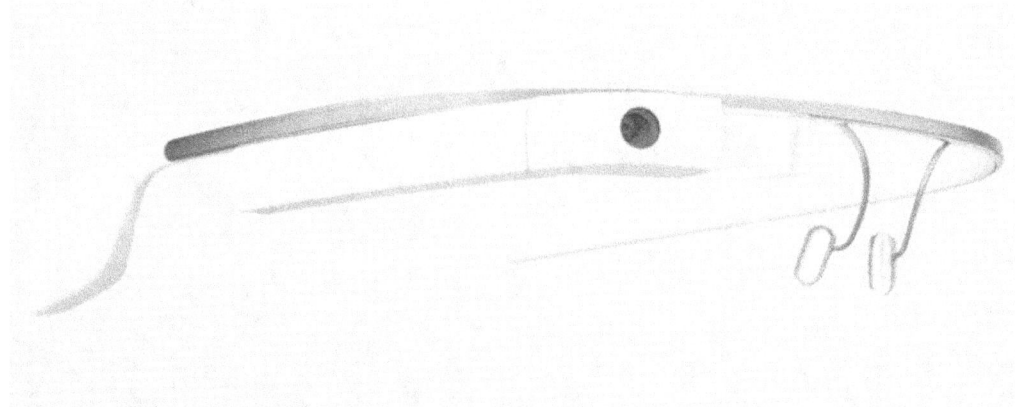

Abbildung 1: Google Glass[4]

1. Was ist *Google Glass*?

Eine der meist diskutierten technischen Neuerungen unserer Tage ist *Google Glass* (Abb. 1), eine Datenbrille, die ein völlig neues Kommunikationsgefühl verspricht[5], da sie alle Funktionen eines vernetzen Computers direkt in den Blick des Users einfügt und von ihm per Sprachsteuerung bedient werden kann. Die Brille wird nicht in ihrer gewohnten Funktion als ophthalmologisches Korrektiv genutzt, obwohl sie das als Sonderanfertigung auch kann, sondern dient der Erweiterung des Sehens. Ein Prisma über dem rechten Auge zeigt ein Bild, das von einem kleinen Sensor übertragen wird (Abb. 2).[6] Über bzw. vor die Wirklichkeit[7] wird ein halbtransparentes Bild gelegt, das alles darstellen kann, was ein modernes Smartphone an Funktionen beherrscht. *Google Glass* wurde erstmals von Google-Mitbegründer Sergej Brin am 28. Juni 2012 auf einer Pressekonferenz vorgestellt und erschien im Februar 2013 als streng limitierte Entwicklerversion[8], die sogenannte Explorer

---

[4] Google © Hersteller.

[5] Vgl. Google Glass, Google, Zugriff 29.09.2013, http://www.google.com/glass/start/how-it-feels/; Neuigkeiten zu Glass finden sich unter unter: Google+, Google Glass, Zugriff 29.09.2013, https://plus.google.com/+GoogleGlass/posts.

[6] Eigentlich benötigt Google Glass überhaupt keine Brillengläser mehr, entscheidend ist der Bügel als Träger der Technik. Der Name Glass ist daher irreführend, da die Gläser keinesfalls als Bildträger benötigt noch sonst in irgendeiner Weise relevant sind.

[7] Mit Wirklichkeit ist in diesem Fall alles gemeint, was von den menschlichen Sinnen wahrgenommen wird. Träume und Visionen sind davon ausgeschlossen.

[8] Das Testmodell war nicht jedem zugänglich. 2000 Entwickler wurden eingeladen eine Brille zu kaufen. Wer diese Brille haben wollte konnte eine von 8000 gewinnen, musste dafür aber an einem

Edition, für 1500$ um von der Presse und Interessierten getestet werden zu können. Anfang 2014 soll eine wesentlich preisgünstigere Consumer Edition für alle erhältlich sein.

Google Glass ist im Grunde ein winziger tragbarer Computer, bestehend aus Recheneinheit (CPU) und Arbeitsspeicher (RAM), einem Mikrofon, einer nach vorne gerichteten Digitalkamera, einem *Bone Conductor* (Knochenleitungslautsprecher), Antennen für Bluetooth- und WLAN-Verbindung, Beschleunigungssensor, Gyroskop, Akku und REST-Schnittstelle (Abb. 2)[9]. Die Brille benötigt zudem noch ein Smartphone, mit dem es über Bluetooth verbunden ist, so dass die Brille eigentlich nur ein weiteres Gerät ist und nicht unabhängig an das Netz angeschlossen wird. Ein Touchpad ist an der rechten Seite angebracht und geht davon aus, dass der überwiegende Teil der Bevölkerung Rechtshänder ist. Im Grunde ist mit *Google Glass* alles möglich, was ein aktuelles Smartphone kann, telefonieren, Nachrichten senden, fotografieren und im Internet surfen. „It's your smartphone, right in your eyes.", schreibt Mark Wilson kritisch über die vorläufige Testversion, „You can read text messages. You can take photos. You can listen to music (thanks to some built-in earbuds). […] But maybe most notably, nothing about what Google has presented is an actual product yet, or considered close to finalized."[10]

Über die Funktionen eines Smartphones hinaus, ist die Sprachsteuerung jedoch die Kernfunktion des Gerätes. Befehle werden gesprochen und beginnen mit: „OK Glass, google…", gefolgt von einer Anfrage. Weitere Funktionen von *Google Glass* sind folgende: Navigation, Videotelefonie, Livestream, Nachrichten, SMS, Chatten, Freunde in der Nähe suchen, Wetterdaten und aktuelle Ansicht mit anderen teilen. Abgefragte Informationen können ortsbezogene oder auch allgemeine Themen betreffen. Der Ton bei Anrufen oder beim Musikhören wird für andere unhörbar direkt über die Schädelknochen ins Innenohr übertragen. Es ist aber auch möglich, Fotos mit fünf Megapixeln und hochauflösende Videos aufzunehmen und diese mit anderen Usern live über das Internet zu teilen, also das unmittelbar vor den Augen stattfindende Geschehen sofort online publik zu machen.

Wettbewerb, „If I had a Glass", teilnehmen und über Twitter erklären, was sie oder er mit der Brille vorhat.

[9] REST ist die Abkürzung von Representational State Transfer. Damit wird dafür gesorgt, dass bei einer Suchanfrage nicht alle Treffer, sondern nur die entscheidende Seite mit der gewünschten Information gefunden wird. Vgl. "Architectural Styles and the Design of Network-based Software Architectures," Roy Thomas Fielding, University of Californie, Irvine, Zugriff 29.09.2013, http://www.ics.uci.edu/~fielding/pubs/dissertation/top.htm.

[10] „4 Problems Google Glasses Have To Solve Before Becoming A Hit," Mark Wilson, Co.DESIGN, Zugriff am 28.09.2013, http://www.fastcodesign.com/1669455/4-problems-google-glasses-have-to-solve-before-becoming-a-hit.

Die begrenzte Palette an Applikationen ist zunächst noch dem Probestadium geschuldet. Es werden weitere Applikationen von Fremdanbietern programmiert, um für die Datenbrille heruntergeladen werden zu können. Zum gegenwärtigen Stand haben die New York Times, CNN und Elle Glass-Apps veröffentlicht. Um eventuellen Missbräuchen vorzugreifen hat Google bereits Richtlinien[11] für zukünftige Apps (sogenannte „Glassware") herausgegeben, an die sich die Hersteller der Programme zu halten haben. Beispielweise sind Werbung oder Zusatzkosten verboten, doch auch eine automatische Gesichtserkennung und pornografische Inhalte sind nicht vorgesehen.[12] Ängste vor dem neuen Gerät sind eigentlich alte Probleme, wie beispielsweise heimliche Überwachung oder ihr Gegenteil: der Aufmerksamkeitsverlust durch eine heimliche Hintertür, um sich aus der Realität hinauszuschleichen, wo sich Männer beispielsweise mit Sportübertragungen aus der Unterhaltung stehlen. Im Gegensatz zu Smartphone oder Tablet PC, die als mobile Kommunikationsmedien zwischen der Wirklichkeit und der virtuellen Realität stehen, scheint *Google Glass* die beiden Sphären zu vereinen. Während man zuvor zwischen Wirklichkeit und Bildschirm den Blick umschalten musste, erscheint über dem rechten Auge ein Bild.

> Der kleine Bildschirm vor dem Auge bietet eine Auflösung von 640 x 360 Pixel. Dies soll laut Google einem 1920 x 1080 Pixel auflösenden Bildschirm mit 63,5 Zentimeter Bilddiagonalen in einer Entfernung von 2,5 Metern entsprechen.[13]

Es handelt sich bei *Google Glass* gewissermaßen um eine HUD-System (Head-up-Display), wie es aus dem Flug- und Fahrzeugbau bekannt ist und das dem Benutzer erlaubt, seinen Kopf nicht senken zu müssen, um auf Anzeigen zu schauen, denn alle Informationen werden in das Sichtfeld projiziert. Diese Entwicklung wurde vom US-amerikanischen Militär in den 1940er Jahren als Reflexvisier in Kampffliegern eingesetzt, später dann in der zivilen Luftfahrt fortgeführt. Heute

---

[11] „Google Mirror API Terms of Service," Google, Zugriff am 28.09.2013, https://developers.google.com/glass/terms.

[12] Der erste Pseudo-Pornoclip sorgte für einige Furore im Netz, einerseits weil er die Möglichkeiten der Apps und Gadgets aufzeigt und andererseits weil er genau aus diesem Grunde urkomisch ist. „Pornostars drehen ersten Sexfilm mit Google Glass," Kim Rixecker, t3n, Zugriff am 28.09.2013, http://t3n.de/news/google-glass-porno-482555/.

[13] Zur Spezifikation der visuellen Daten: „Augmented-Reality-Brille Google Glass - Europastart in einigen Jahren?", Connect, Zugriff am 29.09.2013, vgl. http://www.connect.de/news/google-glass-funktionen-apps-bedienung-1495913.html.

findet sich HUD-Anzeigen im zivilen Einsatz auch sporadisch im Einsatz im Straßenverkehr wieder.[14]

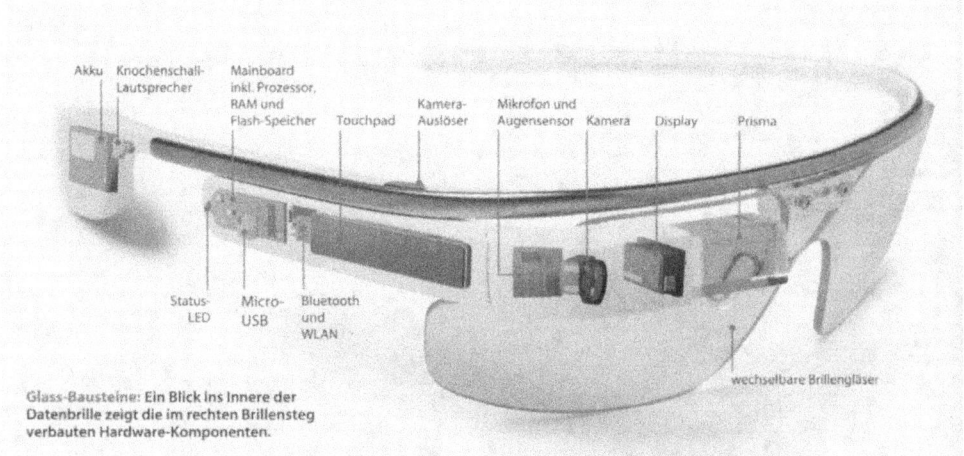

Abbildung 2: Aufbau der *Google Glass* Datenbrille[15]

Ein erstes Konzeptvideo demonstriert, was *Google Glass* einmal sein könnte. Dabei wurde der Tagesablauf eines jungen Mannes in New York gezeigt, der von Google durch den Alltag begleitet wird (Abb. 3). Besser gesagt: *Google Glass* hilft ihm, sich durch den New Yorker Großstadtjungle zu navigieren. Als der junge Protagonist, durch dessen Augen wir alles sehen, seine Verabredung trifft, erkennt *Google Glass* ihn ebenfalls und zeigt gleich an, dass er noch Geld schuldig ist. Dazu rät *Google Glass*, nach Pauls (so der Name des Bekannten) modischem Schal gefragt werden solle. Google ist hier noch Schuldeneintreiber und Modeberater.

---

[14] „Head-Up-Display: Neue Technik für mehr Verkehrssicherheit," Joachim Kaufmann, ZDNet, Zugriff am 29.09.2013, http://www.zdnet.de/39125753/head-up-display-neue-technik-fuer-mehr-verkehrssicherheit/4/.

[15] c't. magazin für computer technik, 13, 2013, S. 64.

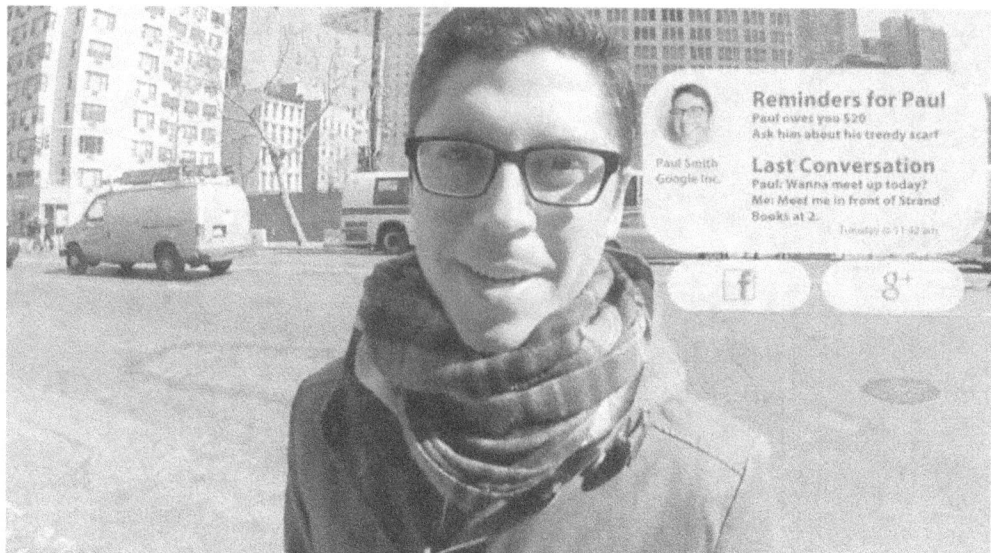

Abbildung 3: Konzeptvideo mit dem Titel „Google Glass: One day...", als sich das Projekt noch in der Testphase befand.[16]

Ganz ähnlich heißen einen die fotografischen Repräsentationsbeispielen der offiziellen Internetpräsenz mit dem Blick durch die Brille zu einer neuen Welt willkommen. Die vorgestellten Möglichkeiten des Einsatzes finden sich in privaten Fotos[17] und Videos, Touristeninfos in Metropolen, Wegbeschreibungen in der tiefsten Wildnis und Übersetzungshilfen auf den chinesischen Märkten. *Google Glass* ist demnach ein ubiquitär einsetzbares Medium, das alle Wege aufzeigen und Sprachen übersetzen kann.

Google Glass unterstützt die weit verbreitete Möglichkeit, sich auf sozialen Plattformen, zum Beispiel auf Facebook, ein Profil zu erstellen und mit anderen zu verlinken. Hier können in Echtzeit Kurznachrichten und Bilder ausgetauscht bzw. veröffentlicht werden. *Google Glass* beflügelt diesen Trend, indem es als Schnittstelle zwischen User und Umwelt zur beschleunigten Verbreitung der Bilder an Dritte beitragen will. *Google Glass* ist ein kommunikatives Präsenzmedium für den Träger.

---

[16] Vgl. http://www.youtube.com/watch?v=9c6W4CCU9M4.

[17] Das Bild ist tatsächlich ein Privatbild, das der Google-Entwickler Sebastian Thrun gemacht hat. „Ein Blick, ein Foto", Christian Klaß, Golem.de, Zugriff am 29.09.2013, http://www.golem.de/news/google-brille-ein-blick-ein-foto-1205-91675.html.

2. „Display it again, Sam!" – Kurzgeschichte der bildschirmbasierten Medien

2.1 Von den festen Typen zu interaktiven Zeichen

Der Computerbildschirm oder Monitor war lange Zeit tatsächlich ein Schirm auf den Bilder erzeugt wurden. Das zu sehende Bild ermöglichte in erster Linie textbasiertes Arbeiten über eine Tastatur, die der Schreibmaschine ähnlich war, und sich einzig darin unterschieden, dass nicht der Anschlag die Typen unwiderruflich in das Papier prägte, sondern der Cursor auf Widerruf über die Zeilen des gesamten Dokuments herauf- und wieder heruntergleiten konnte. Ende der 1960er Jahre wurde bereits die erste Maus entwickelt, lange bevor es passende graphische Benutzeroberflächen gab, und erst 1983 wurde mit dem Apple Macintosh eine erfolgreiche und unkündbare Verschmelzung von Mauszeiger und Tastenbedienung eingeläutet. Die Maus ist ein deiktisches Instrument, das den Benutzer dazu befähigte mit einem virtuellen Zeiger über bestimmte Objekte zu fahren und diese durch den linken Tastenklick zu aktivieren, zu greifen und an eine andere Stelle zu ziehen, dagegen ruft der rechte Mausklick das Kontextmenü auf.[18] Die Bedienung erfordert eine kurze Einübung, funktioniert dann aber ähnlich wie die Bedienung der Kupplung im Auto automatisch.

Der Schritt vom Monitor zum heute landläufig gebräuchlichen Touchscreen wurde ab 1982 unter dem Begriff Multi-touch entwickelt, allerdings wurde der interaktive Bildschirm erst 2007 mit der Einführung des iPhones unter Steve Jobs für den Privatanwender populär und massentauglich.[19] Ab diesem Zeitpunkt war es kein einzelner virtueller Zeiger als Verlängerung der Maus mehr, der die Befehle der Hand umsetzte, sondern eine tatsächliche Berührung auf dem Bildschirm aktivierte die dort angeordneten Objekte. Die sensible Oberfläche kann dabei Aktionen mit ein, zwei und mehr Fingern erkennen. Vor allem das Aufziehen (Pinch open) und Verkleinern (Pinch close) von Bildern ist inzwischen ein bekanntes Feature vieler Monitore mit Touchpads oder Touchscreens. Zuvor war der Bildschirm durch die Idee der „überlappenden Fenster"[20] räumlich organisiert,

---

[18] Die Prinzipien Point-and-Click und Copy-and-Paste beruhen auf diesen Möglichkeiten.
[19] Vgl. Bernard Robben, *Be-greifbare Interaktion der allgegenwärtigen Computer: Touchscreens, Wearables, Tangibles, und Ubiquitous Computing* (Bielefeld: Transkript, 2012).
[20] Vgl. Margarete Pratschke, „‚overlapping windows' – Architektonische Raumkonzepte als Vorbilder des digitalen Bildraums grafischer Benutzeroberflächen," in *Die Realität des Imaginären. Architektur und das digitale Bild. 10. Internationales Bauhaus-Kolloquium Weimar 2007 (=Schriften der Bauhaus Universität Weimar, 120)*, hg. v. Jörg H. Gleiter, Norbert Korrek und Gerd Zimmermann (Weimar, Verlag der Bauhaus Universität, 2008).

nun, so schien es, sollte der Bildschirm unter Beweis stellen, dass er ein besonderer Bildträger ist, der über die symbolische Abbildung hinausgeht. Das Anklicken, Verschieben, Drehen und Vergrößern mit den Fingern verleiht diesen Icons, die ein Programm oder eine Datei nur symbolisch repräsentieren, eine geradezu haptische Qualität. Unterstützt wird die Präsenzvorstellung eines reales Objektes, das auf einer Glasoberfläche bewegt wird, zusätzlich durch die visuelle Gestaltung, die in ihrem Realismus inzwischen weit entfernt von den groben und pixeligen Icons aus der Frühphase des Heimcomputers ist. Darüber hinaus wird durch Vibration und Geräusche das taktile Erleben weiter befördert.[21] Wenn Leon Battista Alberti 1435 in *De pictura* die immaterielle Bildoberfläche mit einem geöffneten Fenster (*finestra aperta*) verglich, dann war es Leonardo da Vincis Metapher einer „Glaswand"[22], die durch die Strahlen einer Sehpyramide schnitt, d. h. unseren Blick und damit eine klare Trennung der Bildräume davor und dahinter bestätigte. Bilder funktionieren demnach wie Schaufenster. Sie zeigen uns Dinge, die präsent und doch unzugänglich sind. Digitale und analoge Bilder erzeugen eine „artifizielle Präsenz",[23] wie Lambert Wiesing es treffend bezeichnet, die aber immer in der Sphäre der künstlichen Gegenwartssimulation verharren und diese „ästhetische Grenze"[24] nicht überschreiten können. Was bei den Touchscreens passiert, ist genau die Überschreitung der ästhetischen Schwelle, die weit über das *Trompe-l'œil* der neuzeitlichen Malerei hinausgeht. Auge und Hand werden gleichermaßen im gegenseitigen Einverständnis getäuscht.[25] Allerdings sprechen wir bei *Google Glass* nicht über ein flaches Gemälde, das nach den Regeln der Perspektive funktioniert,

---

[21] Vgl. die neuesten Meldungen über die Simulation von dreidimensionalen Strukturen auf Oberflächen: „Touchscreen Disney simuliert 3D-Strukturen auf flachem Bildschirm", Werner Pluta, Golem.de, Zugriff am 8.10.2013, http://www.golem.de/news/touchscreen-disney-simuliert-3d-strukturen-auf-flachem-bildschirm-1310-102011.html?utm_source=nl.2013-10-08.html&utm_medium=e-mail&utm_campaign=golem.de-newsletter.

[22] Leonardo da Vinci, *Sämtliche Gemälde und die Schriften zur Malerei*, hg., kommentiert und eingeleitet von André Chastel, aus dem Italienischen und Französischen übertragen von Marianne Schneider (München: Schirmer/Mosel, 1990), S. 246.

[23] Vgl. Lambert Wiesing: *Artifizielle Präsenz. Studien zur Philosophie des Bildes*, 3. Aufl., (Frankfurt am Main: Suhrkamp, 2003).

[24] Vgl. Ernst Michalski, *Die Bedeutung der ästhetischen Grenze für die Methode der Kunstgeschichte*, mit einem Nachw. von Bernhard Kerber (Berlin: Gebr. Mann, 1996).

[25] Dabei ist jedem Nutzer klar, dass es sich um eine Täuschung handelt und er es nicht mit Realien zu tun hat, die unter einer Glasplatte sind. Vielmehr verhält es sich so, dass wir den Dingen eine eigene Wirklichkeit zugestehen wollen. Steve Jobs beschrieb auf der Vorstellung des iPhones 2007 die Bedienung mit den Worten: Es ist Magie! Die Verbindung zwischen dem iPhone und religiösen Tendenzen (nach der Magie kommt die Religion) werden von betont, vgl.: „We worship the iPhone: Steve Jobs is our savior!", Brett T. Robinson, Salon.com, Zugriff am 29.03.2013, http://www.salon.com/2013/08/11/we_worship_the_iphone_steve_jobs_is_our_savior/.

sondern über eine digitale Erscheinung im Verhältnis zum Blickfeld des Betrachters.

In der Gestaltpsychologie wird davon ausgegangen, dass im Bild eine dynamische Bewegung von links nach rechts als angenehm empfunden wird, was ja auch der Leserichtung in der westlichen Welt entspricht. Das überlagernde Digitalbild hat seinen Sitz also am Rand des Blickfeldes und nicht im Zentrum. Es ist also möglich, sich auf beide Bereiche getrennt zu konzentrieren und sie gemeinsam zu nutzen. Richard Bandler und John Grinder, die Erfinder der NLP[26] (Neurolinguistischen Programmierung), haben die Augenbewegung des Menschen den inneren Vorgängen zugeschrieben. Angeblich sind dieses Bewegungen nicht kontrolliert steuerbar, so dass daran beispielsweise abgelesen werden könne, ob jemand lügt.[27] Der Blick nach links weise generell auf eine Konstruktion hin, während der Blick nach rechts eine Erinnerung aufrufe. Der Blick nach oben bedeutet demnach eine visuelle Vorstellung, der Blick in die Mitte steht für auditives Erinnern und nach unten sehen ist ein innerer Dialog (linksseitig) oder kinästhetische Erinnerung (rechtsseitig).[28] Wenn demnach also jemand nach links oben schaut, dann konstruiert er ein Bild, d. h. er überlegt sich eine Lüge, während der Blick nach rechts oben, wo sich das von *Google Glass* eingeblendete Bild befindet, eine visuelle Erinnerung ist. Damit könnte man die These aufstellen, dass Google dem Benutzer die erfragte Information durch seine Brille als sublime, eigene Erinnerung präsentieren möchte. Eine Platzierung des halbtransparenten Bildes in der linken Ecke wäre nach den pseudowissenschaftlichen Vorstellungen der NLP vom Betrachter zu bezweifeln und deshalb kritisch zu hinterfragen. Wissenschaftliche Überprüfungen der Augenbewegung haben jedoch offengelegt, dass die These einer unmissverständlichen Körpersprache unhaltbar ist.[29] Es ist also egal, ob das digitale Fenster links oder rechts angezeigt wird. Es wird aber

---

[26] Vgl. Robert Dilts, John Grinder, Richard Bandler und Judith deLozier: *Neuro-Linguistic Programming: Band 1, The Study of the Structure of Subjective Experience*, (Cupertino: Meta Publications, 1980).

[27] Die Erkenntnisse werden als Grundlage für verhaltenspsychologische Prüfmechanismen eingesetzt, um Menschen einschätzen bzw. einer Lüge überführen zu können. Vgl. „Lügendetektor – So entlarven Sie einen Lügner", Jochen Mai, karrierebibel.de, Zugriff am 29.09.2013, http://karrierebibel.de/luegendetektor-so-entlarven-sie-einen-luegner/.

[28] Eine Tabelle findet sich unter: „Lügen entlarven", Johannes Seebacher, Egomanie.com, Zugriff am 29.09.2013, http://www.egomanie.com/mindmysteries/luegen-entlarven/.

[29] Vgl. Richard Wiseman et al., „The Eyes Don't Have It: Lie Detection and Neuro-Linguistic Programming", PLoS ONE, Zugriff am 29.09.2013, PLoS ONE, 2012; 7 (7): e40259 DOI: 10.1371/journal.pone.0040259; Doris Keller und Dirk Revenstorf, „Das Augenbewegungsmodell des NLP. Physiologische und kognitive Grundlagen," in *Hypnose und Kognition (HyKog)* Nr. 13(1+2), (1996), S. 225-250.

noch einmal auf den Aspekt des Bildes im Verhältnis zur leibhaftigen Vorstellung zurückzukommen sein.

2.2 Der virtuelle, der erweiterte und der kybernetische Raum

In den Kunstgattungen Malerei, Skulptur und Architektur wurde die Illusion und ihre Leistungen den Blick zu täuschen auf das Höchste geschätzt. Der architektonische Raum wurde durch malerische Illusionen oftmals erweitert und als virtueller Ausblick mit einer spezifischen Repräsentation ausgestattet.[30] Der von Jason Lanier geprägte Begriff *virtuelle Realität*[31] bezieht sich auf eine computergenerierte Darstellung der Wirklichkeit, die in der Wahrnehmung eines Betrachters ein überzeugendes Abbild erzeugt.[32] Das beste Beispiel für eine komplexe VR ist das fiktive „Holodeck" der Serie Star Trek: Next Generation,[33] das eine komplette Immersion für den Benutzer bietet.[34] Im Gegensatz zur Wirklichkeit ist die Virtualität eine auf dem Bildschirm realisierte Möglichkeit (von vielen), die nur sehr wenig oder rein gar nichts mit den physikalischen Gesetzen der Wirklichkeit zu tun haben muss.[35] Die virtuelle Realität kann die Wirklichkeit zwar simulieren,

---

[30] Im Gegensatz zu Spiegeln, die nur raumerweiternde Funktionen bis in den scheinbar unendlichen Raum erlauben, kann Malerei einen sehr konkreten Raum erzeugen, der zur selben oder zu einer gänzlich anderen Wirklichkeit gehört als die des angrenzenden Realraumes. Vgl. Gundolf Winter, „Virtualität oder die Inszenierung von Raumbildlichkeit in der italienischen Renaissance," in *Virtuelle Welten als Basistechnlogie für Kunst und Kultur? Eine Bestandsaufnahme*, hg. v. Manfred Bogen, Roland Kuck, Jens Schröter, (München: Fink, 2009), S. 7-24.

[31] Vgl. Jason Lanier und Frank Biocca, „An insider's view of the future of virtual reality," *Journal of Communication* 42, Nr. 4 (1992), S. 150-172, Zugriff am 29.09.2013, DOI: 10.1111/j.1460-2466.1992.tb00816.x.

[32] Zu Entwicklung und Geschichte der virtuellen Realität, vgl. Jens Schröter, *Das Netz und die virtuelle Realität. Zur Selbstprogrammierung der Gesellschaft durch die universelle Maschine* (Bielefeld: Transkript, 2004).

[33] Star Trek: The Next Generation, created by Gene Roddenberry, Fernseh-Serie, USA 1987-1991. Vgl. Schröter, Jens, „Das Holodeck. Phantasma des ultimativen Displays," in *Faszinierend! : Star Trek und die Wissenschaften*, hg. v. Thomas Richter et al., Bd. 1 (Kiel: Ludwig, 2012), S. 105-130.

[34] Die Immersion des Betrachters in eine künstliche Welt durch Täuschung oder Überwältigung der Sinneseindrücke war schon immer eine Fiktion der Science Fiktion und Cyberspace Literatur. Das totale Eintauchen des Menschen in eine digitale Welt mithilfe eines Avatars ist seit *Tron* (USA, Disney 1980) auch heute noch ein bekanntes Motiv in der Filmindustrie. Vgl. zum Thema Immersion: Oliver Grau, *Virtuelle Kunst in Geschichte und Gegenwart. Visuelle Strategien* (Berlin: Reimer, 2001).

[35] Es soll in der binären Gegenüberstellung von Wirklichkeit und VR nicht gesagt werden, dass es nur eine „einzige eigentliche und wahre Wirklichkeit" gibt, die frei von Virtualität wäre. Vgl. Stefan Münker, „Was heißt eigentlich: ‚virtuelle Realität'? Ein philosophischer Kommentar zum neuesten Versuch der Verdopplung der Welt," in *Mythos Internet*, hg. v. ders. und Alexander Rösler (Frankfurt/M.: Suhrkamp, 1997), S. 117.

aber wie es sich mit Bild und Abgebildetem verhält, so sind sie niemals identisch, sondern unterliegen immer einem Ähnlichkeitsverhältnis.[36]

Google Glass wurde bereits vor der großen Testphase als ein maßgeblich visuelles Kommunikationsmittel zu den Medien einer *erweiterten Realität* oder *Augmented Reality* gezählt, da es die Wirklichkeit durch Informationen und Bildern bereichern und mit der physischen Umgebung des Brillenträgers interagieren sollte. Inzwischen hat sich die Euphorie etwas gelegt und ist einer berechtigten Kritik gewichen:

> Was Google Glass – jedenfalls bisher – nicht ist: eine Augmented-Reality-Brille, die die Wirklichkeit mit virtuellen Elementen überlagert. Vielmehr ist die Brille für kurze Interaktionen mit geringer Informationsdichte vorgesehen; daher werden auch keine Webseiten angezeigt.[37]

Was Google mit dem Produkt *Google Glas* natürlich keinesfalls erreicht, ist die komplexe Überschreitung und Vermischung der beiden Bereiche, obwohl die Semitransparenz der symbolischen Darstellungen diese Vermutung nahe legt. Die Videoübertragungen erzeugen zwar opake Bilder, jedoch füllen diese nicht den gesamten Blick aus, sondern es ist auf das rechte obere Blickfeld beschränkt. Es findet keine konsequente Verschmelzung der Wirklichkeit und des digitalen Bildes zu einem homogenen Bildraum statt. Auch wenn die filmischen Beispiele Googles eine Gleichzeitigkeit simulieren, handelt es sich doch um zwei Szenarien, die zwar ständig präsent sind, aber einzeln fokussiert werden müssen. In der Neuzeit war die Perspektive als symbolische Form dazu in der Lage, die verschiedenen Szenen eines Bildes räumlich korrekt im ihrem proportionalen Verhältnis an verschiedenen Orten darzustellen, wie beispielsweise in Piero della Francescas *Die Geißelung Christi* (Abb. 4). Das titelgebende Hauptgeschehen rückt zwar zentral aber dennoch klar in den Hintergrund des Bildes, um einer bisher nicht eindeutig identifizierten Dreiergruppe im Vordergrund einen außerordentlichen Platz einzuräumen.

---

[36] Das programmierte Bild ist also ikonisch und keineswegs indexikalisch, was die Grundlage der analogen Fotografie war, um als Beweis für die Existenz des abgebildeten Objektes vor der Kamera zu dienen.

[37] Stefan Porteck, Daniel AJ Sokolov und Volker Zota, „Glass durchschaut. Googles Datenbrille im Test: Nerd-Spielzeug oder mobile Zukunft?", *c't. magazin für computer technik*, 13, (2013), S. 63. „Nicht einmal sein für Smartphones erhältliches Bildersuchprogramm Goggles hat Google bislang auf die Brille gebracht – obwohl es eigentlich perfekt dafür geeignet wäre.", in: Jan-Keno Janssen, „Augmented Reality: Google Glass ersetzt Bedienungsanleitung," heise online, 38, 2013, Zugriff am 29.09.2013, http://www.heise.de/newsticker/meldung/Augmented-Reality-Google-Glass-ersetzt-Bedienungsanleitung-1960805.html.

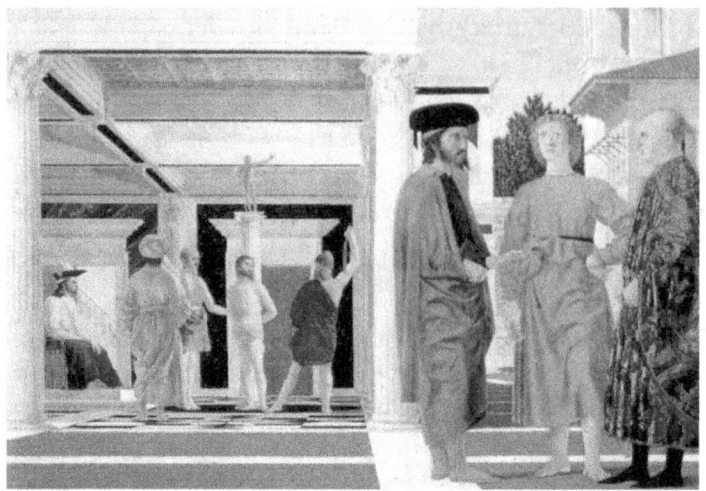

Abbildung 4: Piero della Francesca, *Die Geißelung Christi*, 1452, Öl mit Tempera auf Holz, 59 cm × 81 cm, Galleria Nazionale delle Marche.[38]

Neben der virtuellen und erweiterten Realität wird gerne der Cyberspace angeführt, der allerdings wenig mit der faktischen Wirklichkeit zu tun hat. Cyberspace und Wirklichkeit sind getrennte Bereiche, denen laut John Perry Barlow ein Dualismus von „Fleisch und Geist" unterlegt ist.

> Governments of the Industrial World, you weary giants of flesh and steel, I come from Cyberspace, the new home of Mind. […] Cyberspace consists of transactions, relationships, and thought itself, arrayed like a standing wave in the web of our communications. Ours is a world that is both everywhere and nowhere, but it is not where bodies live.[39]

Der Cyberspace ist theoretisch ein körperloser Ort der unbegrenzten Kommunikation in Echtzeit.[40] Im Grunde hat der Cyberspace wenig mit dem Konzept der Augmented Reality zu tun. Die ersten Prototypen der Datenbrillen waren jedoch auf die Simulation von virtuellen Welten ausgerichtet, die mit einem Datenhandschuh gesteuert werden sollten, so dass eine Interaktion zwischen User

---

[38] EasyDB, Universität Bern, Institut für Kunstgeschichte.
[39] "A Cyberspace Independence Declaration", John Perry Barlow, Electric Frontier Foundation, Zugriff am 29.09.2013, http://w2.eff.org/Censorship/Internet_censorship_bills/barlow_ 0296. declaration.
[40] "Cyberspace. A consensual hallucination experienced daily by billions of legitimate operators, in every nation, by children being taught mathematical concepts... A graphic representation of data abstracted from the banks of every computer in the human system. Unthinkable complexity. Lines of light ranged in the nonspace [sic] of the mind, clusters and constellations of data. Like city lights, receding...", in William Gibson, *Neuromancer* (New York: Ace Books, 1984), S. 86.

und programmierten Welten möglich wäre. Leider verblieben alle Versuche einer überzeugend immersiven Datenbrille im Entwicklerlabor, da die Diskrepanz zwischen benötigter und vorhandener Hard- und Software zu groß war. Erst heute scheint die Zeit reif zu sein: eine bekannte Brille ist *Oculus Rift*, die das Unternehmen Oculus VR entwickelt hat und damit beeindruckende Ergebnisse im Bereich der virtuellen Realität erzielte.[41] Ebenso sind ehemalige Mitarbeiter Valves, die jetzt unter Technical Illusions firmieren, dabei mit *Cast AR* eine Brille zu entwickeln, die ähnlich gut funktionieren soll.

3. Populäre Medien und Augmented Reality

Das Filmgenre Science-Fiction hat die Idee einer Brille, wie *Google Glass*, bereits seit längerer Zeit vorweggenommen.[42] Allerdings nicht in einer Datenbrille, sondern als Blick durch die Augen eines Roboters.[43] In James Camerons düsterem *Terminator 2: Judgement Day* (USA 1991) kommt die Killermaschine aus der Zukunft reprogrammiert zurück, um ihr ehemaliges Opfer nun vor einer noch größeren Gefahr zu schützen. In einer Kneipe kleidet sich der zeitreisende Roboter neu ein (Abb. 5). Dabei wird seine maschinenhafte Sichtweise auf die Welt exemplarisch vorgeführt, ein Blick, der ständig alle Objekte im Raum scannt und die berechneten Daten blitzschnell und exakt als diagrammatisches Bild über die Augen in die Zentrale Verarbeitungsstelle (CPU) vermittelt. Das Gesamtbild ist monochrom rot gefärbt, um über das Farbspektrum eine deutliche Absetzung zum menschlichen Blick herzustellen.

---

[41] Vgl. Michael Wieczorek, Jens Ihlenfeld und Peter Steinlechner, „Test Oculus Rift Dev . Glotz, würg, freu!", Golem.de, Zugriff am 20.09.2013, http://www.golem.de/news/test-oculus-rift-dev-glotz-wuerg-freu-1304-98885.html.

[42] Die folgenden Beispiele zur Augmented Reality könnten um vielfaches ergänzt werden, ebenso wie die Filme über virtuelle Realitäten als Entwurf zur Wirklichkeit ohne Zahl sind. Dazu einige Beispiele: *Welt am Draht* (1973), *Tron* (1982), *Der Rasenmähermann* (1992), *Virtuosity* (1995), *Virtual Nightmare – Open your eyes* (1997), *The 13th Floor* (1999), *eXistenZ* (1999), *Matrix* (1999). Der Großteil dieser Filme spielt auffälligerweise zwischen 1990 und 2000.

[43] Vgl. „The Terminator Potential Of Google's Latest Patent", Chris Crum, Webpronews.com, Zugriff am 29.09.2013, http://www.webpronews.com/the-terminator-potential-of-googles-latest-patent-2012-08.

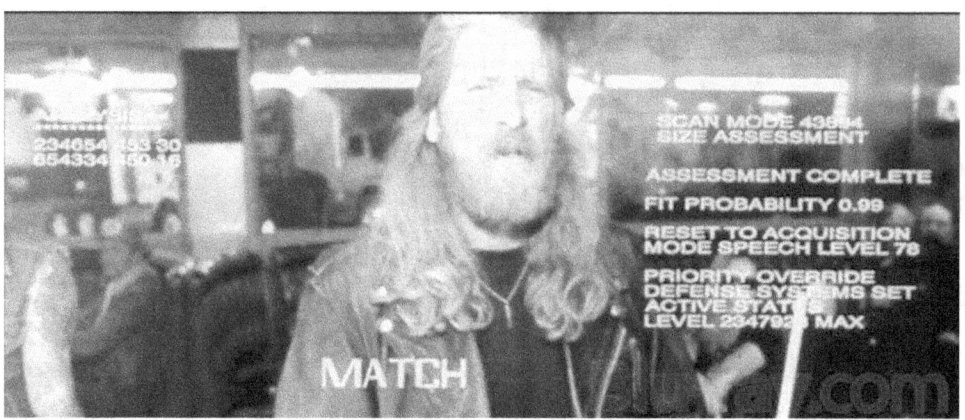

Abbildung 5: *Terminator 2: Judgement Day*, **Kinofassung 137 min., USA 1991.**[44]

Was hier vorgeführt wird, ist ein Auslesen von Daten aus visuellen Informationen, die zur Verdeutlichung für den Roboter und den Kinozuschauer tatsächlich in englischer Sprache ausgeschrieben werden. Die nötigen Algorithmen um visuelle Eindrücke auswerten zu können sind hochkomplex und noch außerhalb der heutigen Technik. In *Terminator 2* werden sie als tatsächliche Augmented Reality vorgeführt. Das Seh-Prinzip ist jedem Konsolenspieler vertraut, denn fast jeder Ego-Shooter beruht auf dem Prinzip der geteilten Bildschirme (split screen).[45] In dem bekannten apokalyptischen Endzeitspiel DOOM (1993) gibt es eine Leiste am unteren Bildschirm, wo sich die Angaben zur aktuellen Menge der Munition, der Gesundheit und der Rüstung befinden (Abb. 6). Der Hauptteil des Bildschirms wird von der Erste-Personen-Perspektive bestimmt, die das Genre der Ego-Shooter maßgeblich ausmacht. Das handlungsbezogene Sichtfeld entspricht der Wirklichkeit des Betrachters, über die *Google Glass* seine Informationen legt. Die gegoogelten Informationen entsprechen der permanenten Anzeigen auf der Leiste. Die Informationen haben keine narrativen Bezüge für das Spiel, sondern symbolisieren lediglich den Zustand der Spielfigur, um den Spieler zu einer offensiven oder defensiven Spielweise anzuhalten.

---

[44] Bildschirmfoto des Autors.

[45] Neuere Spiele versuchen von dem an Symbolen und Anzeigen überladenen Bildschirm wegzukommen und überlegen sich neue Wege der Informationsmitteilung. Erstmals in *Tom Clancy's Splinter Cell Conviction* (PC, XBOX 360, 2010) wurden die Anzeigen dynamisch in die Spielumgebung integriert, so dass der gesamte Bildschirm zu sehen war.

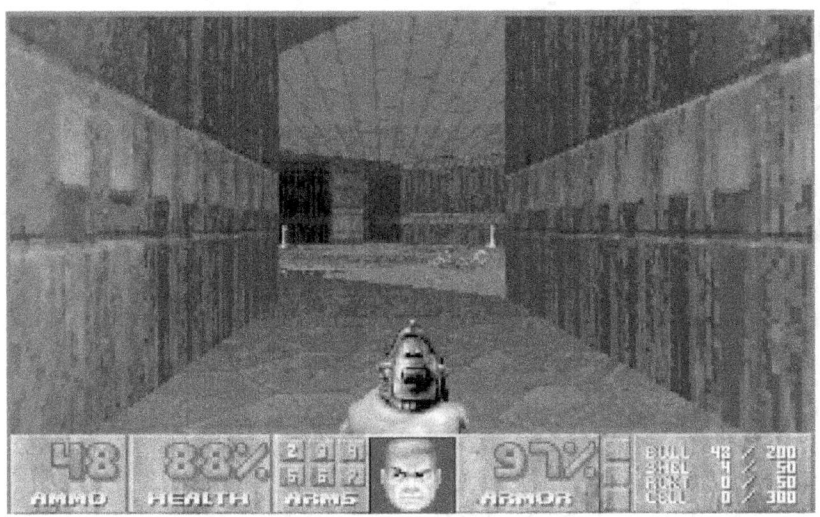

Abbildung 6: *DOOM*, id-Software, 1993.[46]

Eine andere Vorwegnahme der Datenbrille wird in dem Film *Iron Man* (USA 2008) präsentiert. Im Gegensatz zur Comicvorlage[47] wird das Gesicht des Schauspielers Robert Downey Jr. in der Rolle von Iron Man bzw. Edward Anthony „Tony" Stark während seiner Superhelden-Einsätze in der Rüstung gezeigt, um nicht nur eine stählerne Rüstung ohne Mimik zeigen zu müssen, sondern das Gesicht mit allen mimischen Reaktionen und bei sozialen Interaktionen vorzuführen. Downey Jr.'s Gesicht scheint dabei in einem „Goldfischglas" zu sein, an dessen Wand ständig Daten geworfen werden, die seinen aktuellen Status anzeigen (Abb. 7). Die Iron Man-Rüstung besitzt zwangsweise eine vernetzet Steuereinheit in Echtzeit, die auf Sprachbefehle reagiert und mit visuellen Oberflächen Big Data rasch zugänglich macht. Eine Technologie, die heute immer noch nicht möglich ist, im Golden Age der Marvel Comics aber absolute Science Fiktion war. Hier werden die Anzeige des Ego-Shooters über den eigenen Zustand (Selbst) und die des Roboterblickes mit den Umgebungsdaten (Umwelt) zusammengeführt. Der Kinogänger sieht jetzt Iron Man beim Ablesen und Auswerten der Daten zu (ohne die Daten in dem Moment selbst sinnvoll einer Aufgabe zuordnen zu können). Es wird das Beobachten der Anzeigen beobachtet.

---

[46] Bildschirmfoto des Autors.
[47] Seinen ersten Auftritt hatte Iron Man in *Tales of Suspense #39* (März 1963) im Marvel Verlag. Er wurde von Stan Lee und Larry Lieber geschrieben und von Don Heck und Jack Kirby gezeichnet.

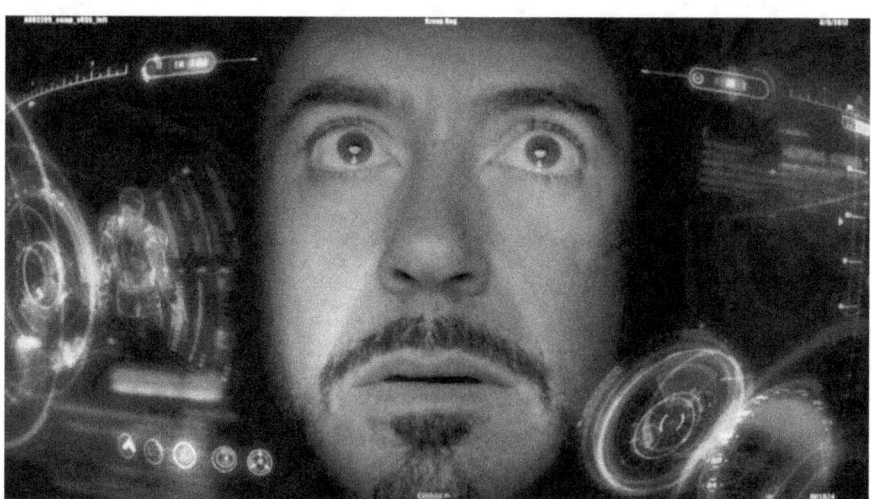
Abbildung 7: *Iron Man*, 123 min., USA 2008.[48]

Der Film erzählt in erster Linie als visuelles Medium, d. h. ohne technische Erklärung. Er macht jedoch deutlich, dass bei der Verwendung von Augmented-Reality-Medien Denken und Handeln auf das Engste mit dem Sehen verbunden sind. Der Unterschied der drei Beispiele gegenüber *Google Glass* ist, dass in diesen Fällen immer von einer kompletten Durchdringung von Sichtfeld (Wirklichkeit) und Digitalbild (virtuelle Wirklichkeit) ausgegangen wird.

4. Sehen, Denken, Handeln

Mit seiner Brille wird das Unternehmen Google nicht das Smartphone abschaffen wollen, sondern möchte seinem Motto gerecht werden: „Das Ziel von Google ist es, die Informationen der Welt zu organisieren und für alle zu jeder Zeit zugänglich und nützlich zu machen."[49] Was hier so altruistisch klingt und den Grundsätzen des Internets aus seinen Anfangstagen geschuldet ist, bleibt immer ein doppeltes Handeln im Sinne von Geben und Nehmen, denn für jede Verwendung von Google bezahlt der User mit seinen Daten.[50] Der Product Director Steve Lee hat sich in diversen Interviews für die Idee ausgesprochen, die Technologie – also die Hardware – wegzulassen:

---

[48] Bildschirmfoto des Autors.
[49] „Über Google", Google, Zugriff am 29.09.2013, http://www.google.de/intl/de/about/.
[50] Der Handel mit Daten ist die Grundlage einer jeden Geschäftsbeziehung von freier Software im Internet. Große Entrüstungstürme brachen zuletzt über die Anwendungen Google Street View (Fußgängeransicht) oder Facebook (soziale Plattform) herein.

> We wondered, what if we brought technology closer to your senses? Would that allow you to more quickly get information and connect with other people but do so in a way — with a design — that gets out of your way when you're not interacting with technology? That's sort of what led us to Glass. […] It's a new wearable technology.[51]

Google Glass scheint eine Externalisierung spezifischer Funktionen des Smartphones auf den Sehsinn zu sein. Alles was vorher an das hand- und blickarretierende Medium Smartphone gebunden war, schwebt nun frei vor dem rechten Auge im Raum. Damit wird die Fiktion einer intrinsischen Kamera, die das eigene Leben beobachtet und dokumentiert, erfüllt. Der Benutzer wird vom Hauptakteur im Film seines Lebens nun zum Regisseur für andere. Ergänzend kommt die Hilfefunktion hinzu, die Orientierung in vielen Lebenslagen sein soll. Es stellt aber auch eine Schnittstelle dar, über die dem Benutzer Daten zugespielt werden. Dann könnte man ganz anders argumentieren und behaupten, dass *Google Glass* ein Medium zur Internalisierung von Wissen ist, das in seiner Exklusivität fast einer permanenten göttlichen Visionen gleichkommt. Die Internalisierung bedeutet in diesem Falle, dass das eigene Nach-Denken zugunsten des raschen Googelns vernachlässigt wird, bis zu dem Punkt, an dem die permanente Verfügbarkeit des gesammelten Internetwissens als Eigenleistung angesehen wird. David J. Chalmers beschreibt dieses Phänomen sehr gut im Vorwort zu Andy Clarks Buch über die *Extended Mind Thesis* (EMT), auch wenn es sich noch um ein Smartphone handelt:

> A month ago, I bought an iPhone. The iPhone has already taken over some of the central functions of my brain. It has replaced part of my memory, storing phone numbers and addresses that I once would have taxed my brain with. It harbors my desires: I call up a memo with the names of my favorite dishes when I need to order at a local restaurant. I use it to calculate, when I need to figure out bills and tips. It is a tremendous resource in an argument, with Google ever present to help settle disputes. I make plans with it, using its calendar to help determine what I can and can't do in the coming months. I even daydream on the iPhone, idly calling up words and images when my concentration slips. Friends joke that I should get the iPhone implanted into my brain. But if Andy Clark is right, all this would do is speed up the processing, and free up my hands. The iPhone is part of my mind already.[52]

---

[51] "I used Google Glass: the future, but with monthly updates. Up close and personal with Google's visionary new computer", Joshua Topolsky, TheVerge.com, Zugriff am 28.09.2013, http://www.theverge.com/2013/2/22/4013406/i-used-google-glass-its-the-future-with-monthly-updates.

[52] Vgl. David J. Chalmers, "Foreword to Andy Clark's Supersizing the Mind," in Andy Clark, *Supersizing the Mind: Embodiment, Action and Cognitive Extension* (Oxford: Oxford University Press, 2008), S. ix.

Oder *Google Glass* wird eben nicht mehr bewusst wahrgenommen, weil es omnipräsent ist. Das handelsübliche Smartphone, der Monitor oder jedes andere Abspielgerät erlauben es immerhin, einer begrenzten Gruppe von Personen sich darum herum zu versammeln. Diese Möglichkeit ist als singuläre Erfahrung nur dem jeweiligen *Glass*-Träger zugänglich. Die Bilder und Töne erreichen nur ihn, und der Blick über die Wirklichkeit hinaus bekommt damit wieder etwas Transzendentes, fast Übersinnliches. Der ungeteilte Blick ist zwar (noch) auf die von Google ermittelten Daten begrenzt, also etwas allgemein Abrufbares, das jedem verfügbar ist, was aber in der jeweiligen Situation zu etwas Vorteilhaftem werden kann. Allerdings wird diese Sonderstellung der *Glass*-Benutzer voraussichtlich schnell überleben, wenn sich die Brillen durchsetzen sollten. Darüber hinaus kann das Gesehene und Gehörte mit anderen Bekannten aus dem eigens geknüpften, sozialen Netzwerk der Freundschaft geteilt und vermischt werden. Wobei die jeweilige Information bspw. eine redundante Mitteilung einer langweiligen Lunchpause in der Kaffeebar sein kann oder die dramatische Dokumentation eines revolutionären Umsturzes. Aber ebensolches war ja bereits vorher mit einer Digital-, Handy- oder Helmkamera möglich.

Das eigentliche Wunschdenken dreht sich um eine perfekte Ergänzung der unsicheren visuellen Eindrücke, indem diese automatisch durch eine interne Instanz bestätigt oder falsifiziert werden. In *Terminator 2 – Judgement Day* findet sich diese Vorstellung formvollendet im Blick der Kampfmaschine wieder, die alle Dinge in ihrem Blick erfasst und berechnet, mit anderen Daten abgleicht und ergebnisorientiert bewertet. Genau das ist ja das notwendige Übel der menschlichen Existenz: das Vergessen und das Verschätzen. Genau da wäre die interne Datenbank zur Objektivierung der Umwelt um uns herum eine hervorragende Abhilfe. Dabei gilt es allerdings noch einige Dinge zu beachten, nämlich beispielsweise die Auswahl der Information durch eine andere Instanz. Kritisches Denken wird durch die Evaluation der verschiedenen Quellen hergestellt. Bei einer Reduktion der Anfrage auf eine einzige Antwort bleibt das Wissen immer zweifelhaft. Dass eine Verknüpfung von erweitertem Sehen und digitalem Denken zu einem vernünftigen Handeln führt, wird Wunschdenken bleiben. Auch wenn über mehr Wissen direkt verfügt werden kann, fehlt doch ein direkter Anschluss an die Synapsen, so dass alles Wissen immer noch selbst passend zur Situation gesucht und angewandt werden muss.

5. Ausblick

Google Glass ist nicht die erste und nicht die einzige Sehapparatur für digitale Bilder. Die Firma Vuzix hat mit *Smart Glasses M 100*, *Wrap 1200AR* und *STAR 1200 XLD* gleich drei Produkte entwickelt, die die Bereiche AR, VR und „Video Eyewear Products" kombinieren.[53] Eine direkte Konkurrenz für *Google Glass* wird durch die zwei folgenden Produkte möglich, die sich ebenfalls alle noch in der Testphase befinden: *Space Glasses* von der nordamerikanischen Firma Meta und *Glass Up*, das vom italienische Unternehmen Si14 entwickelt wird.[54] Der Verkauf ist für die unmittelbare Zukunft angesetzt, und der Marktsieger wird wohl durch den Preis, die Anwenderfreundlichkeit, die Erweiterungen (Apps) und den Style-Faktor entschieden werden. Microsoft ist übrigens gerüchteweise auch darum bemüht eine ähnliche Lösung zu finden: Ein Patent für eine minimalistischere Version wurde am 20. Mai 2011 eingereicht und am 22. November 2012 veröffentlicht.[55] Was es sonst noch gibt ist die Smartwatch, eine Bluetooth Extension, die inzwischen von diversen Herstellern erhältlich ist. Sie ist eine Verkleinerung des Handys für das Handgelenk, um sich das Hervorholen desselben zu sparen. Auch das Smartphone ist nicht bei seiner berührungsempfindlichen Oberfläche stehen geblieben. Die neuste Generation von Smartphones reagiert auf Gesten, ohne dass man das Gerät noch berühren muss. Weiterhin versprechen die Handys auf die Augen des Benutzers zu reagieren, um einen Text beim Blick zur unteren Bildschirmleiste automatisch weiterzuscrollen. Außerdem sollen Videos angehalten werden, wenn der Blick nicht auf dem Bildschirm ruht, sondern sich von der Oberfläche wegbewegt hat, bis er wieder zurück ist.[56] Eine Sprachsteuerung verschiedener Funktionen ist ebenfalls inzwischen zum Standard avanciert (Abb. 8).

---

[53] Vuzix, Internetpräsenz, Zugriff am 29.09.2013, http://www.vuzix.com/home/. Vgl. „AR-Brille Vuzix M100 Ich sehe was, was du nicht siehst", Tobias Költzsch, Golem.de, Zugriff am 29.09.2013, http://www.golem.de/news/ar-brille-vuzix-m100-ich-sehe-was-was-du-nicht-siehst-1211-95709.html.

[54] Weitere mögliche Konkurrenten finden sich hier: „A look at all the Google Glass competitors in development", Simon Hill, Digitaltrend.com, Zugriff am 29.09.2013, http://www.digitaltrends.com/mobile/google-glass-alternatives/.

[55] Vgl. „Datenbrille Microsoft arbeitet an Konkurrenz zu Google Glass", Achim Sawall, Golem.de, Zugriff 29.09.2013, http://www.golem.de/news/datenbrille-microsoft-arbeitet-an-konkurrenz-zu-google-glass-1211-95898.html.

[56] Vgl. „Samsung Galaxy S4 eye-tracking smartphone unveiled", Dave Lee, BBC.com, Zugriff am 29.09.2013, http://www.bbc.co.uk/news/technology-21791023.

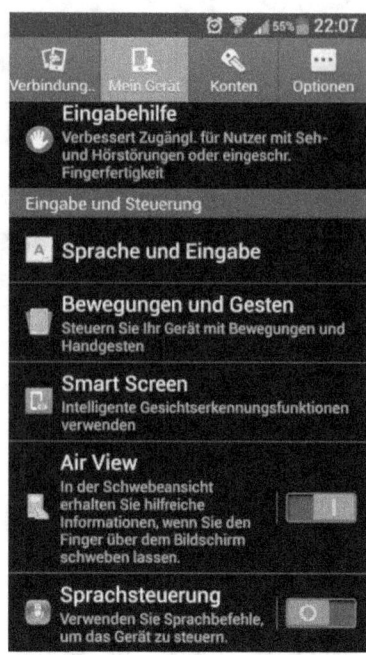

Abbildung 8: Einstellungen für die Eingabe und Steuerung beim Samsung Galaxy S4.[57]

Es bleiben trotzdem noch Fragen offen. Viel teilen den Enthusiasmus der Technikwelt nicht:

> Die Brille kann alles, was ein Smartphone auch kann, sie ist nur kein Smartphone, sondern eine Brille, die gegenwärtig sehr bescheuert aussieht. Was machen wir jetzt damit? Wo ist die Sensation, die total abgefahrene Zukunftsvision, die wir zu erfahren erwartet hatten? [...] Niemand, der einigermaßen bei Trost ist, läuft mit diesem Ding durch die Gegend. Und natürlich kann sich diese Feststellung als der größte Quatsch dieses Jahrzehnts erweisen, wenn in Zukunft einmal jeder eine solche Brille trägt und darüber lacht, wie ich heute über diese Brille gelacht habe [...].[58]

---

[57] Bildschirmfoto des Autors.

[58] „Google-Mitarbeiter stellen ‚Glass' vor. Dümmer mit Aussicht," Antonia Baum, F.A.Z.Net, Zugriff am 01.09.2013, http://www.faz.net/aktuell/feuilleton/debatten/google-mitarbeiter-stellen-glass-vor-duemmer-mit-aussicht-12595495.html. Was sehr typisch anmutet, ist die anschließende Diskussion über *Google Glass* in der Kommentarfunktion. Hier findet überwiegend eine Ablehnung der Datenbrille aus Gründen der Datenspionage vor. Wenige sehen einen weiteren Schritt auf dem Weg einer technischen Evolution, die am Anfang steht. Beide Seiten scheinen sich noch unversöhnlich gegenüber zu stehen und mit Spott und Häme auf den anderen zu schauen.

Der Trend, der sich ablesen lässt, weist in eine berührungsfreie Oberfläche, die mit Blicken und Sprache gesteuert wird. *Google Glass* verkörpert den Traum einer freihändigen Verwendung, weil das Smartphone immer von mindestens einer Hand gehalten und einer zweiten bedient werden muss. *Google Glass* verspricht eine Neuerung, die im Vergleich zum Smartphone fantastisch anmutet: ein fast immaterielles Bild, da nach Gewöhnung nur noch das Bild gesehen wird. Das ist jedoch Illusion, denn in der Tasche des Benutzers befindet sich das Smartphone und auf seiner Nase sitzt die Datenbrille, aber das alles kann für den Moment zugunsten eines reinen Bildes ohne Bildträger ausgeblendet werden. Noch größer ist die Illusion, dass sich in der Datenbrille Wirklichkeit und virtuelles Digitalbild bis zu dem Punkt annähern, dass sich das eine nicht vom anderen scheiden lässt, sondern beide Wirklichkeiten auf harmonisch operative Weise verschmelzen.

Literatur

Barlow, John Perry. "A Cyberspace Independence Declaration." Electric Frontier Foundation. Zugriff am 29.09.2013. http://w2.eff.org/Censorship/Internet_censorship_bills/barlow_0296.declaration.

Chalmers, David J. „Foreword to Andy Clark's Supersizing the Mind." In Andy Clark, *Supersizing the Mind: Embodiment, Action and Cognitive Extension*, S. ix–xxiv. Oxford: Oxford University Press, 2008.

Crum, Chris. „The Terminator Potential Of Google's Latest Patent." Webpronews.com. Zugriff am 29.09.2013. http://www.webpronews.com/the-terminator-potential-of-googles-latest-patent-2012-08.

Connect News Redaktion. „Augmented-Reality-Brille Google Glass - Europastart in einigen Jahren?" Connect. Zugriff am 29.09.2013. http://www.connect.de/news/google-glass-funktionen-apps-bedienung-1495913.html.

Da Vinci, Leonardo. *Sämtliche Gemälde und die Schriften zur Malerei*, herausgegeben, kommentiert und eingeleitet von André Chastel, aus dem Italienischen und Französischen übertragen von Marianne Schneider. München: Schirmer/Mosel, 1990.

Dilts, Robert, Grinder, John, Bandler, Richard und deLozier, Judith. *Neuro-Linguistic Programming: Band 1, The Study of the Structure of Subjective Experience*. Cupertino: Meta Publications, 1980.

Fielding, Roy Thomas. "Architectural Styles and the Design of Network-based Software Architectures." University of Californie, Irvine. Zugriff am 29.09.2013. http://www.ics.uci.edu/~fielding/pubs/dissertation/top.htm.

Gibson, William. *Neuromancer.* New York: Ace Books, 1984.

Google. „Über Google." Google.de. Zugriff am 29.09.2013, http://www.google.de/intl/de/about/.

Google. „Google Glass Start." Zugriff am 29.09.2013. http://www.google.com/glass/start/how-it-feels/.

Google. „Google Mirror API Terms of Service." Zugriff am 28.09.2013. https://developers.google.com/glass/terms.

Google+. „Google Glass." Zugriff am 29.09.2013. https://plus.google.com/+GoogleGlass/posts.

Grau, Oliver. *Virtuelle Kunst in Geschichte und Gegenwart. Visuelle Strategien.* Berlin: Reimer, 2001.

Hill, Simon. „A look at all the Google Glass competitors in development." Digital-trend.com. Zugriff am 29.09.2013. http://www.digitaltrends.com/mobile/google-glass-alternatives/.

Janssen, Jan-Keno. „Augmented Reality: Google Glass ersetzt Bedienungs-anleitung." heise online, 38, 2013. Zugriff am 29.09.2013. http://www.heise.de/newsticker/meldung/Augmented-Reality-Google-Glass-ersetzt-Bedienungsanleitung-1960805.html.

Kaufmann, Joachim. „Head-Up-Display: Neue Technik für mehr Verkehrssicher-heit." ZDNet. Zugriff am 29.09.2013. http://www.zdnet.de/39125753/head-up-display-neue-technik-fuer-mehr-verkehrssicherheit/4/.

Keller, Doris und Revenstorf, Dirk. „Das Augenbewegungsmodell des NLP. Physiologische und kognitive Grundlagen." In *Hypnose und Kognition (HyKog),* Nr. 13 (1+2), hrsg. v. Burkhard Peter und Christoph Kraiker. München: Milton Erickson Gesellschaft für klinische Hypnose e.V, 1996.

Klaß, Christian. „Ein Blick, ein Foto." Golem.de. Zugriff am 29.09.2013. http://www.golem.de/news/google-brille-ein-blick-ein-foto-1205-91675.html.

Költzsch, Tobias „AR-Brille Vuzix M100 Ich sehe was, was du nicht siehst." Golem.de. Zugriff am 29.09.2013, http://www.golem.de/news/ar-brille-vuzix-m100-ich-sehe-was-was-du-nicht-siehst-1211-95709.html.

Lanier, Jason and Biocca, Frank. „An insider's view of the future of virtual reality." *Journal of Communication* 42, Nr. 4 (1992). Zugriff am 29.09.2013. DOI: 10.1111/j.1460-2466.1992.tb00816.x.

Lee, Dave. „Samsung Galaxy S4 eye-tracking smartphone unveiled." BBC.com. Zugriff am 29.09.2013. http://www.bbc.co.uk/news/technology-21791023.

Lunenfeld, Peter. „Digitale Fotografie. Das dubitative Bild." In *Paradigma Fotografie. Fotokritik am Ende des fotografischen Zeitalters*, herausgegebe. von Herta Wolf, S. 158-177. Frankfurt am Main: Suhrkamp, 2002.

Mai, Jochen. „Lügendetektor – So entlarven Sie einen Lügner." karrierebibel.de. Zugriff am 29.09.2013. http://karrierebibel.de/luegendetektor-so-entlarven-sie-einen-luegner/.

Michalski, Ernst. *Die Bedeutung der ästhetischen Grenze für die Methode der Kunstgeschichte*, mit einem Nachwort von Bernhard Kerber. Berlin: Gebr. Mann, 1996.

Münker, Stefan. „Was heißt eigentlich: ‚virtuelle Realität'? Ein philosophischer Kommentar zum neuesten Versuch der Verdopplung der Welt." In *Mythos Internet*, hrsg. von ders. und Alexander Rösler, S. 108-127. Frankfurt am Main: Suhrkamp, 1997.

Pluta, Werner. „Touchscreen Disney simuliert 3D-Strukturen auf flachem Bildschirm." Golem.de. Zugriff am 8.10.2013. http://www.golem.de/news/touchscreen-disney-simuliert-3d-strukturen-auf-flachem-bildschirm-1310-102011.html?utm_source=nl.2013-10-08.html&utm_ medium=e-mail&utm_ campaign=golem.de-newsletter.

Porteck, Stefan, Sokolov, Daniel AJ, und Zota, Volker. „Glass durchschaut. Googles Datenbrille im Test: Nerd-Spielzeug oder mobile Zukunft?" *c't. magazin für computer technik*, 13, Hannover: Heise Zeitschriften, 2013.

Pratschke, Margarete. „‚overlapping windows' – Architektonische Raumkonzepte als Vorbilder des digitalen Bildraums grafischer Benutzeroberflächen." In *Die Realität des Imaginären. Architektur und das digitale Bild. 10. Internationales Bauhaus-Kolloquium Weimar 2007 (=Schriften der Bauhaus Universität Weimar, 120)*, hrsg. v. Jörg H. Gleiter, Norbert Korrek und Gerd Zimmermann, S. 211-218. Weimar: Verlag der Bauhaus Universität.

Rixecker, Kim. „Pornostars drehen ersten Sexfilm mit Google Glass." t3n. Zugriff: 28.09.2013. http://t3n.de/news/google-glass-porno-482555/.

Robben, Bernard. *Be-greifbare Interaktion der allgegenwärtigen Computer: Touchscreens, Wearables, Tangibles, und Ubiquitous Computing.* Bielefeld: Transkript, 2012.

Robinson, Brett T. „We worship the iPhone: Steve Jobs is our savior!" Salon.com. Zugriff am 29.03.2013. http://www.salon.com/2013/08/11/we_worship_the_iphone_steve_jobs_is_our_savior/.

Sawall, Achim. „Datenbrille Microsoft arbeitet an Konkurrenz zu Google Glass." Golem.de. Zugriff am 29.09.2013. http://www.golem.de/news/datenbrille-microsoft-arbeitet-an-konkurrenz-zu-google-glass-1211-95898.html.

Schröter, Jens. „Das Holodeck. Phantasma des ultimativen Displays." In *Faszinierend! : Star Trek und die Wissenschaften, Bd. 1,* herausgegeben von Thomas Richter, Nina Rogotzki, Helga Brandt, Petra Friedrich, Mathias Schönhoff, Paul M. Hahlbohm, S. 105-130. Kiel: Ludwig, 2012.

Schröter, Jens. *Das Netz und die virtuelle Realität. Zur Selbstprogrammierung der Gesellschaft durch die universelle Maschine.* Bielefeld: Transkript, 2004.

Seebacher, Johannes. „Lügen entlarven." Egomanie.com. Zugriff am 29.09.2013. http://www.egomanie.com/mindmysteries/luegen-entlarven/.

Topolsky, Joshua. "I used Google Glass: the future, but with monthly updates. Up close and personal with Google's visionary new computer." TheVerge.com. Zugriff am 28.09.2013. http://www.theverge.com/2013/2/22/4013406/i-used-google-glass-its-the-future-with-monthly-updates.

Vuzix. Zugriff am 29.09.2013, http://www.vuzix.com/home/.

Wieczorek, Michael, Ihlenfeld, Jens, und Steinlechner, Peter. „Test Oculus Rift Dev. Glotz, würg, freu!" Golem.de. Zugriff am 20.09.2013, http://www.golem.de/news/test-oculus-rift-dev-glotz-wuerg-freu-1304-98885.html.

Wiesing, Lambert. *Artifizielle Präsenz. Studien zu einer Philosophie des Bildes*, 3. Auflg. Frankfurt am Main: Suhrkamp, 2003.

Wilson, Mark. „4 Problems Google Glasses Have To Solve Before Becoming A Hit." Co.DESIGN. Zugriff am 28.09.2013. http://www.fastcodesign.com/1669455/4-problems-google-glasses-have-to-solve-before-becoming-a-hit.

Winter, Gundolf. „Virtualität oder die Inszenierung von Raumbildlichkeit in der italienischen Renaissance." In *Virtuelle Welten als Basistechnlogie für Kunst und Kultur? Eine Bestandsaufnahme*, herausgegeben von Manfred Bogen, Roland Kuck, Jens Schröter, S. 7-24. München: Fink, 2009.

Wiseman, Richard, Watt, Caroline, ten Brinke, Leanne, Porter, Stephen, Couper, Sara-Louise, Rankin, Calum. „The Eyes Don't Have It: Lie Detection and Neuro-Linguistic Programming", PLoS ONE, Zugriff am 29.09.2013, PLoS ONE, 2012; 7 (7): e40259 DOI: 10.1371/journal.pone.0040259.

III. Bildpraxis: Fotografie und Alltagskultur

Stets in greifbarer Nähe – Das Phänomen Fotobuch

Julia Catherine Berger

Die Fotografie ist, nicht zuletzt auch mit der Entwicklung der Digitalität,[1] permanent in der Alltagskultur angekommen. Das Fotografieren von Dingen scheint ein allgegenwärtiges Phänomen unserer Gesellschaft geworden zu sein. Verschiedenste Anlässe oder Motive werden aus unzähligen Gründen festgehalten, gesichert oder dokumentiert. Früher geschah dies mit dem analogen Fotoapparat, heute nicht nur mit Digitalkameras, sondern zunehmend auch mit Smartphones oder anderen technischen Geräten, die digitale Bilder erzeugen können: den sogenannten „Imaging Produkten".[2] Die Technik der Fotografie hat sich von analog zu digital stark gewandelt; so sehr, dass sogar darüber diskutiert wird, ob das digitale Verfahren überhaupt den Namen „Fotografie" zu tragen habe,[3] oder die digitale Fotografie nur eine Simulation der analogen Fotografie selbst sei.[4] Das aufwendige,

---

[1] Bzw. dem Durchbruch der digitalen Technik und der Verbreitung als Standard.

[2] Vgl. z. B. Photoindustrie-Verband: Globale Markttrends für Imaging Produkte. Zugriff am 21.08.2013, http://www.photoindustrie-verband.de/artikel/Globale-Markttrends-fuer-Imaging-Produkte.

[3] Vgl. Barbara Scheiter, „Ist das noch Fotografie?" in *Digitale Fotografie*, hg. v. Irene Ziehe und Ulrich Hägele (Münster: Waxmann, 2009), S. 39-47.

[4] Stefan Meier, „Die Simulation von Fotografie. Konzeptuelle Überlegungen zum Zusammenhang von Materialität und digitaler Bildlichkeit" in *Materialität und Bildlichkeit. Visuelle Artefakte zwischen Aisthesis und Semiosis*, hg. v. Marcel Finke und Marc A. Halawa (Berlin: Kulturverlag Kadmos, 2012), S. 127.

chemische Verfahren der Analogfotografie ist einem neuen Standard, der digitalen Technik, gewichen. Mit dem Begriff „Analogfotografie" werden Schlagwörter wie Nostalgie und Langwierigkeit verbunden, die analoge Kamera ist zum Modeaccessoire und professionellen Nischengerät deklariert.

Die Digitalfotografie ist eine Technik, welche auf keinerlei haptisches Material mehr angewiesen ist, um die Ergebnisse sichtbar machen zu können.[5] Das bedeutet, es besteht keine Notwendigkeit mehr darin, Fotografien auf die analoge Form des Papiers zu bringen, um die Gesamtheit des Abgebildeten wahrnehmen zu können. Das digitale Foto auf dem Bildschirm ist also, anders als bei der Analogfotografie vielleicht das Negativ, nicht als Form einer Vorschau zu sehen, dessen Endergebnis die Ausformung auf Fotopapier darstellt. „Digitale Bilder sind im aktuellen Mediendiskurs überwiegend elektronische Objekte und erst in zweiter Linie bildhafte Gegenstände", schreibt Christian Bracht, Kunst- und Medienwissenschaftler an der Universität Marburg.[6] Das bedeutet, der Bildschirm selbst ist als ‚letzte Instanz' zu verstehen.

Auf der Ebene der Bildrezeption ist jedoch zu beobachten, dass es immer neue technische Errungenschaften gibt, die dieser Immaterialität der Digitaltechnik entgegenzusteuern scheinen, um sich in skeuomorphistischer Weise an ihren Vorgängern zu orientieren.[7] Das jüngste Beispiel auf dem Markt ist der sogenannte *Pocket photo* von der Firma LG: Ein mobiler Drucker, etwa so groß wie eine 2,5" externe Festplatte, mit dem via Bluetooth direkt vom Smartphone innerhalb einer Minute Fotos in Taschenformat ausgedruckt werden können. Das erinnert an alte Sofortbildkameras wie von Polaroid. Die Bilder werden nicht mit Tinte, sondern mit Farbpigment-Spezialpapier, welches sich bei Hitzeeinwirkung entwickelt, erstellt. Die einzige Weiterentwicklung zur klassischen Sofortbildkamera: Mit einer *App* lassen sich die Fotos vor dem Ausdrucken bearbeiten. Der „mobile Lifestyle-Drucker"[8] bietet also die Möglichkeit, ein digital produziertes sowie auch digital

---

[5] Ausgenommen das technische Gerät und dessen Display, deren Haptik hier ausgeklammert sein soll.

[6] Vgl. Christian Bracht, „Foto Marburg. Ein klassisches Bildarchiv und die digitale Bilderwelt" in *Digitale Fotografie. Kulturelle Praxen eines neuen Mediums*, hg. v. Irene Ziehe und Ulrich Hägele (Münster: Waxmann, 2009), S. 159.

[7] Der Begriff Skeuomorphismus stammt zunächst aus der Archäologie und beschreibt in erster Linie die imitierende Ausführung von (kunst-)handwerklichen Objekten, die an hochwertigeren Ausführungen orientiert sind und wodurch niederwertige Materialien aufgewertet werden. Im heutigen Zusammenhang spricht man aber auch im Produktdesign, wenn bei einem digitaltechnischen Produkt optische Elemente aus der „physischen Welt" übernommen wurden, von Skeuomorphismus. Vgl. „Skeuomorphism. Definition - What does Skeuomorphism mean?" Cory Janssen, Technopedia, Zugriff am 26.09.2013, http://www.techopedia.com/definition/28955/skeuomorphism.

[8] "Pocket Photo. Die schönsten Momente smarter teilen", LG Electronics Deutschland, Zugriff am 11.08.2013, http://www.lg.com/de/handy-smartphone-zubehor/lg-PD221-Pocket-Photo.

rezipierbares Foto in einen analogen Zustand für die ‚Erinnerung in der Tasche' zurück zu versetzen.

Der Wandel der „Kulturtechniken des Bildermachens"[9] von analog zu digital ist – zumindest auf technikhistorischer Ebene – schon längst abgeschlossen. Die bilderzeugenden Geräte der Digitalfotografie haben den wirtschaftlichen Markt und damit den Konsumenten ganzheitlich eingenommen.[10] Was zeigt uns aber diese konträre Technikentwicklung?

Die These, welche im vorliegenden Aufsatz aufgestellt wird, lautet wie folgt: Trotz des digitalen Wandels und der neuen technischen Chancen, die dieser Technik innewohnen, herrscht ein gewisser *Status quo*. Analogfotografie erscheint der Mehrheit veraltet, jedoch sind die Ähnlichkeiten der Produkte des digitalen Zeitalters mit den analogen Pendants nicht von der Hand zu weisen. Der Fokus dieser Untersuchung soll dabei auf dem Phänomen Fotobuch liegen, ein mithilfe von Software digital erstelltes Buch, welches mit eigenen Digitalfotos kreativ gestaltet und dann professionell gedruckt wird.[11] Ist das Fotobuch Innovation oder Nachahmung des klassischen Fotoalbums? Diese besondere Form der postdigitalen Ausformung scheint auf jeden Fall auf ein Bedürfnis hinzuweisen, welches durch den analogen Vorgänger inkorporiert wurde. Trotz fortschreitender immaterialisierender Entwicklung der Technik lässt sich eine Konstante erkennen, die das Bedürfnis nach Materialität und einer „*Dingwelt*" beschreibt.[12]

Das Fotobuch scheint den Nachfolger des klassischen Fotoalbums zu verkörpern und die materialisierte Konstante in der neuen Digitaltechnik zu bilden. Wo liegen Gemeinsamkeiten und Unterschiede bei materieller Ästhetik, den technischen Möglichkeiten sowie der Rezeption? „Paradigmenwechsel oder Fortsetzung des Analogen?", fragt auch der Tübinger Kultur- und Medienwissenschaftler Ulrich Hägele.[13]

Als Grundlage dieses Aufsatzes wurde eine empirische Untersuchung durchgeführt, welche im Anhang unter „Methodik" näher erläutert wird.

---

[9] Rolf Sachsse, „Zur Zukunft der Erinnerung" in *Digitale Fotografie. Kulturelle Praxen eines neuen Mediums*, hg. v. Irene Ziehe und Ulrich Hägele (Münster: Waxmann, 2009), S. 14.

[10] Bereits 2006 lag der Marktanteil verkaufter Analogkameras nur noch bei 6% (520.000 Stk.). Neuere Marktanalysen beinhalten die Analogfotografie schon nicht mehr. Vgl. GfK-Studie für Prophoto: „Verkäufe von Kameras an den Endverbraucher – Menge", Prophoto, Zugriff am 21.08.2013, http://www.prophoto-online.de/img/ftp/amateurphotomarkt/2007/Deutsch_2006.pdf.

[11] Zum Beispiel bei www.cewe.de.

[12] Ulrich Hägele, „Scheinwelten. Über die Digitalisierung der Fotografie und ihre Bedeutung für die Kulturwissenschaft" in *Digitale Fotografie. Kulturelle Praxen eines neuen Mediums*, hg. v. Irene Ziehe und Ulrich Hägele (Münster: Waxmann, 2009), S. 26.

[13] A.a.O., S. 24.

1. Digitaler Wandel – Status quo in der Bildrezeption?

Der digitale Wandel, um den es hier gehen soll, ist eine Entwicklung nicht nur auf technischer, kunsthistorischer oder sprachphilosophischer Ebene, sondern beinhaltet auch kulturanthropologische Aspekte, auf die hier im Besonderen eingegangen werden soll. Das technische Fortschreiten wird vom Menschen gleichzeitig vorangetrieben und rezipiert, bzw. mit ihm umgegangen, weswegen er auch im Mittelpunkt stehen sollte. Die Fotografie als populärste und am weitesten verbreitete bildproduzierende Form, welche eine revolutionäre Technikentwicklung erfahren hat, soll hierbei einen Einblick in die Beziehung von Technik und menschlichem Bedürfnis sowie deren Entwicklungsverhältnis liefern, denn es scheint, dass die Entwicklung der Technik in eine andere Richtung geht als des Menschen sinnliche Forderungen.

Zunächst sollte erwähnt werden, dass die Fotografie – sowohl der Akt des Fotografierens, als auch die weitere Verwendung – bestimmte Bedürfnisse erfüllt, die den Menschen antreiben, diese Technik zu nutzen. Der Soziologe Pierre Bourdieu fasst die „Funktionen der Photographie"[14] wie folgt in fünf Bereichen zusammen:

> erstens die Angst zu mindern, die Vergänglichkeit und Zeitlichkeit der Existenz in uns wecken, indem sie entweder einen magischen Ersatz für das bietet, was die Zeit zerstört hat, oder indem sie der Schwäche unseres Gedächtnisses abhilft […]; zweitens darin, die Kommunikation mit anderen zu erleichtern […]; drittens darin, dem Photographen ein Mittel zur Verfügung zu stellen, ‚sich zu verwirklichen' […]; viertens darin, mittels technischer Leistungen, der Dokumentation einer persönlichen Anstrengung, einer Reise oder eines Vorkommnisses oder durch demonstratives Konsumverhalten bestimmte Prestigebedürfnisse zu befriedigen; und schließlich fünftens darin, den Anforderungen der Realität für eine Weile zu entkommen, oder sich einfach zu zerstreuen, wie bei einem Spiel.[15]

Die Digitalfotografie wurde bei Bourdieus Erläuterung aus dem Jahre 1983 noch nicht berücksichtigt.[16]

---

[14] Pierre Bourdieu et al., *Eine illegitime Kunst. Die sozialen Gebrauchsweisen der Photographie* (Frankfurt a.M., Suhrkamp, 1983), S. 26.

[15] A.a.O., S. 26-27.

[16] Bereits 1963 führte Bourdieu et al. eine Umfrage durch, in der 692 Personen zu ihren Gewohnheiten bezüglich der Fotografie sowie zu alltäglichen Vorlieben (Wohnungseinrichtung, Musik, Kleidung) befragt wurden. Letzterer Aspekt erfolgte zur Bestimmung der „Einstellung zur Photographie innerhalb der Gesamtheit der ästhetischen Haltungen", ein über das vorliegende Thema hinausgehender, aber sicher sehr interessanter Aspekt. Vgl. Pierre Bourdieu et al., a.a.O., S. 289.

Es ist davon auszugehen, dass das Bedürfnis der Fotografie sich mit dem Wandel von der Analog- zur Digitalfotografie in seinen Grundzügen nicht verändert hat. Anhand der empirischen Untersuchung in Bezug auf die von Bourdieu formulierten Motivationen ist festzustellen, dass es zwischen Analog- und Digitalfotografie keine funktionellen Unterschiede in Bildinhalt als auch im Bildnutzen, das heißt der Erinnerungsfunktion, zu geben scheint, auf die sich im Folgenden bezogen werden soll.

So sind beliebte Fotomotive bei Analog-,[17] wie auch bei Digitalfotografie[18] mit etwa 70 % Freunde und Familie sowie Landschaften mit jeweils 62 %. Nur Urlaube werden bei der Digitalfotografie mit rund 71 % über 20 % mehr fotografiert als bei der Analogfotografie. Das hat, wie auch aus der Umfrage hervorgeht, meist pragmatische Gründe, wie das Gewicht des Gepäcks, welches bei einer analogfotografischen Ausrüstung um einiges höher sein kann. Bei der Nutzung der Fotos lassen sich ähnliche Überschneidungen feststellen: Analogfotos werden von über 48% der Befragten eingerahmt, über 38 % erstellen Fotoalben.[19] Beachtenswert ist, dass es bei der Digitalfotografie über 49 % sind, die ihre Fotos ausdrucken und einrahmen, 35 % drucken die Fotos aus und fügen sie in einem Fotoalbum zusammen, und ein Fotobuch wird von über 31 % angefertigt.[20] Daraus lässt sich schließen: Die Einführung der Digitalfotografie hat Gründe, wie Pragmatismus und Vereinheitlichung der Technik. Das Wesen und damit die Funktion der Fotografie stehen aber in keiner Abhängigkeit zur technischen Entwicklung, sondern sind größtenteils sehr ähnlich zur Analogfotografie.

---

[17] Julia Berger und Henriette Roth, *Umfrage zum Umgang mit analoger und digitaler Fotografie*, surveymonkey.net, Juli-August 2013. Frage 9, N=95 Teilnehmer über 18 Jahre.
[18] A.a.O., Frage 22, N=393 Teilnehmer über 18 Jahre.
[19] A.a.O., Frage 11, N=93 Teilnehmer über 18 Jahre.
[20] A.a.O., Frage 28, N=389 Teilnehmer über 18 Jahre.

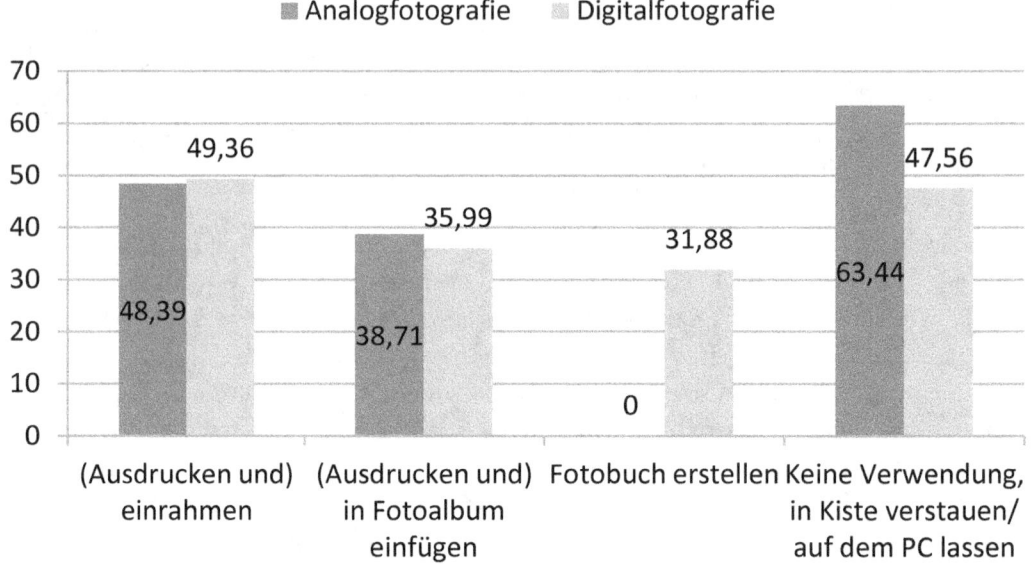

Abbildung 1: Wie nutzen Sie ihre analogen bzw. digitalen Fotos? (Angaben in Prozent)[21]

Die Digitalfotos, die doch zu einem markanten Anteil ausgedruckt werden, stellen das ausschlaggebende Argument der formulierten These. Denn eine weitere Funktion der Fotografie, eine durch die historische (analoge) Entwicklung der Fotografie-Technik geformte Erwartung, ist das Bedürfnis nach Fassbarem und Be-greifbarem in zweifachem Sinne, was hier durch Ausdrucken, und insbesondere das Erzeugen und Gestalten von Fotoalben und Fotobüchern, erfüllt werden kann.

Die nach Rolf Sachsse wichtigste Funktion der Fotografie, „das Schaffen von Erinnerungen", ginge mit einer „Auslagerung des Gedächtnisses ins Archiv" einher.[22] In diesem Zusammenhang wäre es möglich, das Fotoalbum als kleinste Einheit eines „dinglich fassbaren"[23] und persönlichen Archives zu definieren. Die Wichtigkeit vom fotografischen Erinnerungswert in der Form des Albums zeigt sich in der Umfrage bei dem Begriff „Fotoalbum" und der Möglichkeit der freien Assoziation in Form von drei Schlagworten, bei der sich Wortfelder erkennen lassen, die die Bedeutung dieses Objektes sprachanalytisch systematisieren. Ein

---

[21] Umfrageergebnis aus Berger und Roth, a.a.O., Frage 11, bzw. 28, N=93, bzw. 389 Teilnehmer über 18 Jahre.
[22] Rolf Sachsse, „Zur Zukunft der Erinnerung" in *Digitale Fotografie. Kulturelle Praxen eines neuen Mediums*, hg. v. Irene Ziehe und Ulrich Hägele (Münster: Waxmann, 2009), S. 16-18.
[23] Ebd.

Fotoalbum scheint eine Form der gemeinsamen Erinnerung zu sein. Mit dem Begriff werden Begriffe wie „Freunde", „Geselligkeit", „Familie" assoziiert.[24] Bourdieu nennt es „Funktion für die Familie", wobei das Bedürfnis nach Fotografie für die Gruppe der familiären Mitglieder und deren Zusammenführung stehe.[25] Die Rezeption der analogen Fotografie ist laut Ergebnis der Umfrage ein sozialer Akt. Gerade einmal rund 11 % machen ihre Fotos ‚nur für sich selbst';[26] die meisten gewähren Bekannten, Freunden und Verwandten Einblick oder präsentieren sie sogar öffentlich.

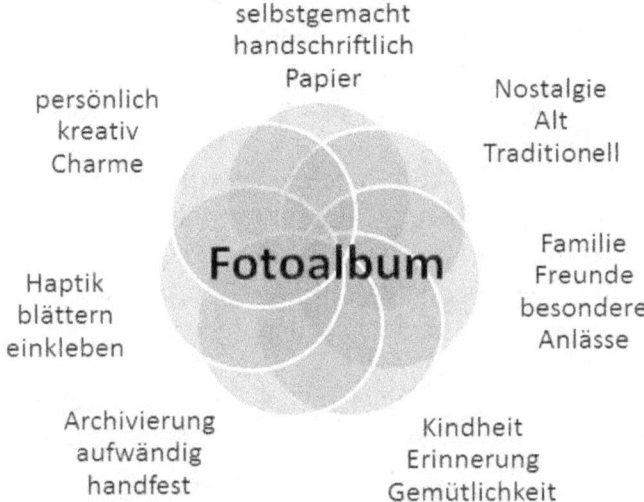

Abbildung 2: Nennen Sie drei Schlagworte, die Sie mit dem Begriff „Fotoalbum" verbinden (ausgewählt)[27]

97 % der Befragten nutzen Digitalfotografie.[28] Dies zeigt eindeutig die Etablierung dieser Technik in der Alltagskultur. Schlagworte, die hingegen mit dem Begriff „Analogfotografie"[29] assoziiert werden, (diese Frage wurde von Analogfotografie- als auch von Digitalfotografie-Nutzern beantwortet), sind vielfältig. Die Auswertung der freien Antworten lässt sich sprachanalytisch in grobe Wort-

---

[24] Bei diesen Wörtern handelt es sich um besonders häufig vorkommende oder prägnante Aussagen aus den Umfrageergebnissen.
[25] Pierre Bourdieu et al., a.a.O., S. 31.
[26] Berger und Roth, a.a.O., Frage 17, N= 93 Teilnehmer über 18 Jahre.
[27] Zusammengefasst aus a.a.O., Frage 31, N=366 Teilnehmer über 18 Jahre.
[28] A.a.O., Frage 19, N=410 Teilnehmer über 18 Jahre.
[29] A.a.O., Frage 6, N=381 Teilnehmer über 18 Jahre.

gruppen einteilen: Negative („langwierig", „unpraktisch", „teuer", „schwer", „veraltet" usw.), emotionale („Kindheit", „Familie", „Nostalgie"), neutrale („Film", „Entwicklung", usw.) sowie sinnliche Konnotationen („Klicken des Auslösers").

Die wenigsten Leute fotografieren heutzutage noch analog. In der Befragung sind es knapp über 23 %, die diese Frage bejahten.[30] Wieso aber nutzen einige trotz größerer Umstände immer noch, oder sogar erst seit Kurzem, Analogfotografie? 29 % der Befragten fotografieren erst seit den 2000ern analog, trotzdem es zu dieser Zeit bereits Digitalfotografie gab.[31] Die Antworten lassen sich in fünf größere Bereiche gliedern. Zunächst ist es der Wunsch nach Qualität: Die Analogfotografie biete andere, natürlichere Ergebnisse, es gibt die Möglichkeit, den Bildherstellungsvorgang beim Selbstentwickeln zu überwachen. Zudem stehen ritualhafte Erlebnisse, mit denen bestimmte Emotionen verknüpft werden, im Vordergrund: In den offenen Antworten fielen Formulierungen wie „Vorfreude", „mit den Freunden das erste Mal die Fotos ansehen", „Nostalgie", „Aura", „Faszination", „Spaß", „Charme", „liebevoller und echter". Wichtig ist in Bezug auf die analoge Technik auch der Faktor der Bedachtheit: „Nicht so wahllos", „bewusster", „entschleunigt", „mehr Aufmerksamkeit", „weniger dafür konzentrierter", „jedes Foto besitzt mehr Wert". Ein interessanter Punkt ist der der Unperfektheit: „nicht so exakt", „ein Stück Kontrolle abgeben", „Fehler bringen gewisse Echtheit und Charme", „Unberechenbarkeit".

Letzteres wird auch vom Gebiet der Post-Digitalität[32] umfasst, welches noch ein recht neues Forschungsfeld darstellt. Dieser Aspekt führt jedoch auch zu einer weiteren Eigenschaft der Digitaltechnologie, der technischen Vollkommenheit, dem cleanen Grundzustand, welcher offensichtlich nicht unbedingt dem Bedürfnis des Menschen entspricht. Man betrachte nur den Trend der „Retro"-Fotofilter, bei denen die Digitalfotografien absichtlich verfärbt, zerknittert oder zerkratzt erscheinen, ein paradoxer Zustand, denn: „Hier entsteht en passant ein digitales Niemandsland, eine im wahrsten Sinne nostalgisch eingefärbte Utopie. Denn diese Welt hat es nie gegeben. Meine Jugend war genauso wenig verblichen oder knallbunt wie der Alltag meiner Großeltern schwarz-weiß",[33] schreibt der Soziologe

---

[30] A.a.O., Frage 7, N=413 Teilnehmer über 18 Jahre.
[31] Ebd.
[32] Vgl. www.postdigital-film.de
[33] „Instagram - Die digitale Avantgarde entdeckt den Shabby chic", Benedikt Köhler, slow media, Zugriff am 22.09.2013, http://www.slow-media.net/instagram-die-digitale-avantgarde-entdeckt-den-shabby-chic.

Benedikt Köhler bei *slow media*.[34]

1.1 Materielle Ästhetik

Um im Folgenden die Formen des Fotoalbums und des Fotobuchs klar vor Augen zu haben und unterscheiden zu können, folgt nun eine kurze Exkursion, in der die zwei im Text behandelten ‚Prototypen' beschrieben werden.

1.1.1 Das Fotoalbum

Ein Fotoalbum ist taschenbuch- bis bildbandgroß, mit einem schlichten oder gemusterten Einband, oft mit Ringbindung. Dabei wird die einfache Variante, die nur aus Folienkammern besteht, in die man die Fotos „in Reih' und Glied" hineinschiebt, ausgeklammert. Hier liegt die Betrachtung beim ‚klassischen' Fotoalbum aus Papier. Das Buch hat einfarbige Seiten aus Karton, meist schwarz oder weiß. Zwischen diesen Seiten befindet sich eine dünne Trennseite aus Seidenpapier, damit die Seiten, auf denen die Fotos von Hand eingeklebt werden, nicht aneinander kleben. Beim Einkleben der Fotos ist Kreativität gefragt: Fotos schräg oder gerade einkleben, mit Stiften Texte hinzufügen oder etwas illustrieren, vielleicht sogar Dinge aus dem Urlaub, wie Quittungen, Blätter oder anderes kostbares aufkleben. Das Fotoalbum ist ein bebildertes Tagebuch und wird damit zum Erinnerungsort.

1.1.2 Das Fotobuch

Das Fotobuch unterscheidet sich nicht in Format oder Einband. Es gibt sie mit Leineneinband oder glatt, in Leder und mit ‚Soft-Cover'. Auch die Fotos selbst könnten identisch sein (bis auf einzelne Kunstfilter, die bei der digitalen Bearbeitung zu finden sind). Worin sie sich unterscheiden, ist der kreative Akt des Zusammenfügens: Es wird nicht geklebt, es wird per *drag and drop* eingefügt. Statt aus eigenen Fundgütern wird aus den Vorschlägen der Gestaltungsmaske ausgewählt: Bildchen, grafische Verschönerungen. Der Text kann in unzähligen Schriftarten erscheinen, der Hintergrund hat eine ähnliche Vielfalt. Die Fotos lassen sich mit Rahmen verzieren, es gibt sogar die Option, dass es so aussieht, als hätte man das Foto mit Klebestreifen befestigt.

---

[34] Bei *slow media* handelt es sich um einen sehr interessanten Ansatz, der als Pendant zu *slow food* versucht, „angemessene Reaktionen auf die [...] Medienrevolution zu entwickeln". Vgl. www.slow-media.net.

In erster Linie ist die visuelle Ähnlichkeit auffällig, wenn man bedenkt, wie unterschiedlich die zugrunde liegenden, bildgebenden Verfahren sind. Aber auch die haptische Ähnlichkeit der zwei Formen ist bemerkenswert. Durch die maschinelle Herstellung eines Fotobuchs gehen zwei wesentliche Bestandteile verloren: Erstens die Persönlichkeit und zweitens der Alterungsprozess. Mit ersterem ist die Einzigartigkeit gemeint, die *Aura*, die auch durch Kaffeeflecken oder Staub ihre Ausformung finden kann. Dies ist unter anderem durch den Alterungsprozess bedingt. Fotos verbleichen nach einiger Zeit, verändern sich oder können herausfallen. Ein Fotobuch ist nicht aus mehreren Komponenten zusammengesetzt, sondern ist ein statisches Produkt. Das Seidenpapier kann nicht knistern, da es nicht vorhanden ist, der Kleber kann sich nicht lösen und die Handschrift nicht wiedererkannt werden. Die „unterbrochene Historizität", wie Hägele sie nennt, ist nicht nur bei Digitalfotografien auf der Festplatte, sondern auch bei deren materieller Ausformung zu erkennen.[35] Meist auf dickem Thermoschutzpapier ausgedruckt, erwecken die Fotos in einem Fotobuch durch ihre Beschaffenheit den Eindruck, sie seien unzerstörbar. Dadurch wirken sie meist genauso *clean* wie die Digitaltechnik, die ihr zugrunde liegt. Aufgedruckte Fettflecken oder Klebestreifen sollen hier eine Unperfektheit und Aura suggerieren, die dieses Buch (zunächst) nicht hat.

Letztendlich ist die Ähnlichkeit von Fotoalbum und Fotobuch als Verwandtschaft zu verstehen, hinter deren bildgebenden Verfahren die gleichen Funktionen, bzw. Bedürfnisse stehen. Im Folgenden soll nun der hier zu erkennende *Status quo* der Bildrezeption ausgeführt werden. Dies ist in folgende Unterkapitel gegliedert: Die Entmaterialisierung des fotografischen Bildes, das Erlebnis Fotografie, die Materialität der Sinne, die Gleichzeitigkeit des Ungleichzeitigen sowie die Angst.

1.2 Entmaterialisierung des fotografischen Bildes

Eine von Ulrich Hägele aufgestellte These über die Digitalisierung der Fotografie lautet: „Betrachtet man die Fotografie als Ding, so scheint [...] die Entmaterialisierung des fotografischen Bildes durch elektronische Technik eines der zentralen Aspekte der Digitalisierung überhaupt zu sein", wobei er sich auf die Soziologen Gérard Raulet und Manfred Faßler stützt.[36]

---

[35] Ulrich Hägele, „Scheinwelten. Über die Digitalisierung der Fotografie und ihre Bedeutung für die Kulturwissenschaft" in *Digitale Fotografie. Kulturelle Praxen eines neuen Mediums*, hg. v. Irene Ziehe und Ulrich Hägele (Münster: Waxmann, 2009), S. 32.
[36] A.a.O., S.26.

Die Digitalisierung trägt eine Art ‚Versphärung' der Daten mit sich, welche nur noch mithilfe digitaler Endgeräte optisch gemacht werden können; dies lässt sich sicher nicht bestreiten. Diese Daten haben kein reales Gewicht und sind fern von haptischer Präsenz. Das „Verschwinden der Dingwelt"[37], wie Hägele es auch nennt, wird mit jeder technischen Neuheit gesteigert: Die Tasten an Computern und Handys weichen Touch-Funktionen, und es wird auch sicher nicht mehr lange dauern, bis der Computerbildschirm - durch den man noch ein bisschen das Gefühl haben kann, als sei auch das gezeigte Bild haptisch, also fassbar - einem dünneren, wenn nicht sogar holographischem Pendant weicht.

Die Digitalisierung lässt Materialität verschwinden; jedoch lässt sich eine Art von Antiproportionalität von Technikentwicklung und menschlichem Bedürfnis erkennen. Das Erstellen eines Fotobuchs beispielsweise bringt die analoge Technik des Fotoalbums mit der Digitalfotografie zusammen und versetzt diese wieder eine ‚Entwicklungsstufe' zurück. „Das haptische Moment einer Fotografie darf also nicht unterschätzt werden", schreibt Hägele. Wir wählten „vertraute Formen der Handhabung" und begnügten uns nicht mit der bloßen digitalen Anwesenheit unserer Bilder auf dem Computer.[38] Es scheint, als sei die Digitalfotografie konsumierende Gesellschaft noch nicht bereit für die vorherrschenden, entmaterialisierenden Technologien.

1.3 Das Erlebnis

Der Gesamtheit des fotografischen Aktes[39] ist wegen seiner vielsinnlichen Komplexität mehr zuzuschreiben als der Aneinanderreihung einzelner Vorgänge. Alle einzelnen Phasen, in denen Bedingungen erfüllt, Vorbereitungen getroffen, Bilder produziert und rezipiert werden, sollen nun unter dem Begriff des *„Erlebnisses"* stehen. Die zahlreichen Dimensionen schlüsseln sich in der Analogfotografie wie folgt auf: Film kaufen, Film einlegen, die (maximal) 36 Fotos ‚verschießen', den Film abgeben, manchmal mehrere Tage warten, Fotos abholen, Fotos sichten, Fotos in Alben einkleben oder einrahmen und Freunden und Bekannten präsentieren, eventuell weitere Abzüge machen lassen. Der Begriff „Erlebnis", der hier gewählt wurde, enthält eine starke anthropologisch, beziehungsweise persönlich fokussierte Färbung, bei der die Erfahrung des Individuums im Mittelpunkt stehen soll. Diese Mehrdimensionalität hat aber auch mit der Errungenschaft der

---

[37] Ebd.
[38] A.a.O., S. 35.
[39] Vgl. Philippe Dubois, *Der fotografische Akt. Versuch über ein theoretisches Dispositiv* (Amsterdam: Verlag der Kunst, 1998).

Digitalfotografie nicht an Komplexität verloren: Speicherkarte in die Digitalkamera legen, Fotos von (fast) unbegrenzter Anzahl machen, Fotos von der Kamera auf den Computer übertragen, Fotos auf dem Computer sichten, Fotos auswählen, (eventuell) die Fotos bearbeiten, die Entscheidung treffen, ob die Fotos nur digital oder auch analog vorliegen sollen, Fotos eventuell via Internet teilen, usw.

Das Erlebnis der Fotografie gipfelt im Ritual des Fotorezipierens, wozu auch das (kreative) Befüllen eines Fotoalbums oder Fotobuchs gehört. Das Zuweisen der Bilder an ihren Platz ist etwas körperlich Erfahrbares und Sinnliches. Immerhin 32 % der Befragten haben schon einmal ein Fotobuch erstellt.[40] Dabei hat sich bei der Bearbeitung von Fotos trotz eines völlig neuen Technikmediums paradoxerweise nichts grundlegend gewandelt. Im Vergleich zur analogen Bearbeitung und den Gestaltungsmöglichkeiten eines Fotoalbums sind die Angebote an kreativen Vorschlägen bei den Fotobuch-Softwares zwar um einiges gestiegen;[41] So wird bei der Gestaltung von Fotobüchern besonders oft Text eingefügt (74 %) und verschiedene Layouts und farbige Hintergründe ausgewählt (51 %). Außerdem werden die Fotos oft selbst noch einmal mit Effekten versehen und bearbeitet (47 %). Dabei legen 45 % der Befragten Wert darauf, das Fotobuch möglichst hochwertig zu gestalten, auch wenn es teurer wird. Hierbei zeigt sich, dass die neuen Gestaltungsmöglichkeiten[42] gegenüber dem klassischen Fotoalbum durchaus angenommen werden, um den gestalterischen Charakter nicht zu verlieren und dem ‚Professionellen' die persönliche Note beizufügen. Wichtig sind auch Schlagwörter wie „knisternde Seiten", „selbstgemacht", „vergilbt", „blättern", „einkleben", „handschriftliche Texte", die genannt wurden und die das sinnliche Erlebnis des Fotoalbumgestaltens unterstreichen.[43]

Auf der anderen Seite hat sich, trotz eines völlig neuen Technikmediums, paradoxerweise eigentlich nichts grundlegend gewandelt. Denn ein Fotobuch stellt eine minimale Weiterentwicklung zum „klassischen" Fotoalbum dar. Die Revolution der Aufnahmetechnik verlangt nach einer tiefgreifenden Weiterentwicklung der Rezeption; diese orientiert sich allerdings an ihrer analogen Vergangenheit. So revolutionär der Umgang mit digitalen Bildern auch sein sollte, so spiegelt der Trend zum Fotobuch letztendlich weiterhin das Bedürfnis wider, ein haptisches „Erlebnis" zu haben, das heißt eine Materialität zu besitzen, die mit gutem Gefühl ins Regal gestellt werden kann. Interessant ist in diesem Zusammenhang auch das Herauskristallisieren einer Mischform, die ebenfalls die rückläufigen Tendenzen

---

[40] Berger und Roth, a.a.O., Frage 34, N=397 Teilnehmer über 18 Jahre.
[41] Vgl. www.cewe.de.
[42] Berger und Roth, a.a.O., Frage 37, N=151 Teilnehmer über 18 Jahre.
[43] A.a.O., Frage 31, N=366 Teilnehmer über 18 Jahre.

von digitaler zu analoger Rezeption unterstützt: Es handelt sich um ein klassisches Fotoalbum, in dem ausgedruckte Digitalfotos eingeklebt und wie Analogfotografien behandelt werden.[44] Zur besseren Unterscheidung wird diese Form im weiteren Digitalfotoalbum genannt.

1.4 Die Materialität der Sinne

Das Bedürfnis nach körperlicher Erfahrbarkeit lässt sich als eine Ursache des Fotobuch-Phänomens formulieren. Dabei ist der „wandelnden Materialisierung", wie der Medienwissenschaftler Stefan Meier den Zustand der Digitalfotografie beschreibt, eher das gegenteilige Wirken zuzuschreiben.[45]

„Die Sinne erschließen alle Realität vom Leibe her", schreibt der Kultur- und Literaturwissenschaftler Hartmut Böhme über die „Bedeutung des Berührens".[46] Dieses Sinnlichkeitsbedürfnis zeigt sich in vielen technischen Neuerungen, wie zum Beispiel den am Anfang beschriebenen Foto-Direktdrucker, und lässt sich aber, wie am Beispiel von Böhme, der seine Formulierungen mit Bibelstellen unterstreicht, weit vor der Digitalität finden. Diese Materialität, die körperliche Erfahrbarkeit, ist, in Anlehnung an die in Kapitel 2.1 aufgeführte These von Hägele, ein wesentlicher Bestandteil der Analogfotografie und aller analogen Technik.

Diese Materialität sorgt dafür, dass fotografische Bilder „in rituelle Bildpraktiken integriert" werden.[47] So kommt es auch bei der Gestaltung des Fotobuchs – wie beim Fotoalbum – auf den ritualhaften Charakter des ‚Anfertigens' an. Bezeichnend dafür benutzen weniger als 2 % die in den meisten Fotobuch-Softwares vorhandene Möglichkeit „Automatisch Füllen", bei der das Programm einem die ausgewählten Fotos ohne persönlichen Einfluss in das Buch einsortiert. Die ritualhaften Praktiken, die am PC selbst mit Digitalbildern (in ihrer ‚reinen Form') ausgelebt werden, sind wahrscheinlich eher im Zusammenhang mit sozialen Netzwerken relevant.[48]

---

[44] Fast 36% der Befragten nutzen ihre Digitalfotografien auf diese Weise. Vgl. a.a.O.: Frage 28, N=389 Teilnehmer über 18 Jahre.
[45] Stefan Meier, a.a.O., S. 126.
[46] Hartmut Böhme, „Plädoyer für das Niedrige. Der Tastsinn im Gefüge der Sinne" in *Anthropologie*, hg. v. Gunter Gebauer (Leipzig: Reclam, 1998), S. 216-217.
[47] Ilka Brändle, „Das Foto als Bildobjekt. Aspekte einer Medienanthropologie" in *Bilderfragen. Die Bildwissenschaften im Aufbruch*, hg. v. Hans Belting (München: Fink, 2007), S. 86.
[48] Wie zum Beispiel das regelmäßige Überprüfen von neuen Kommentaren unter geposteten Fotos o.ä.

Die zuvor beschriebenen „Erlebnisse" können ebenfalls einen ritualhaften, fast zeremoniellen Charakter annehmen, was sich vor allem durch die innere Reihenfolge der verschiedenen Schritte des fotografischen Aktes[49] bedingt.

1.5 Die Angst

Ein weiterer Grund für das Bedürfnis nach Greifbarem ist sehr pragmatisch: Die Angst vor dem Verlust und der Glaube, Dinge, die sich anfassen lassen, hätten einen höheren Archivierungswert.

Wie bereits Böhme schreibt, was sich nicht anfassen lässt, ist Schall und Rauch.[50] Das gilt auch für Digitalfotografie. Diese Technik suggeriert zwar eine ewige Haltbarkeit, vielmehr sehen wir jedoch die viel schnellere Vergänglichkeit und auch die Hilflosigkeit des „Users"[51] – uns selbst – der Technik gegenüber, bei wiederholtem Abstürzen des Computers oder ähnlichem, den meisten wohl bekannte Situationen, die Verzweiflung auslösen. Meier spricht von der „Relativierung von Materialität in der digitalen Fotografie", wobei das digitale Bild kaum noch als autonomer Gegenstand zu sehen sei, da es sich situationsabhängig an verschiedene Trägermedien wie Computer oder Smartphone anpasse.[52] Da das Bild nicht mehr auf einem festen Bildträger existiert, folgt daraus die flüchtende Kontrollierbarkeit gegenüber der wichtigen Bildinformation, dem Foto. Sobald das recht flüchtige digitale Bild aber „auf statischem Fotopapier ausgedruckt wird, verliert es seine flexible Darstellbarkeit", es bekommt „eine essenzielle Verbindung von Farbe und Bildträger".[53] Diese Verbindung spricht für eine Sicherung, einen unwiderruflichen Akt der indexikalischen Einschreibung, der das digitale Bild vor dem plötzlichen Verschwinden zu schützen vermag. Bildinhalt und Bildträger sind unwiderruflich verbunden. Entwickelte Fotos lassen sich in der Hand halten, es lässt sich sozusagen im eigenen Seinszustand ‚selbst' darauf aufpassen: *„Stets in greifbarer Nähe"*, *„man hat etwas in der Hand".*[54]

Der Verlust von Daten ist heutzutage das schlimmste Szenario eines jeden Users. Die digitale Technik, die sich aber durch das „nicht mehr Vorhandensein des Originals und die damit einhergehende elektronische Entmaterialisierung" auszeichnet, treibt genau das voran. Hägele formuliert einen düsteren Zukunftsaus-

---

[49] Vgl. S. 10.
[50] Vgl. Hartmut Böhme, ebd.
[51] Vgl. Ulrich Hägele, a.a.O., S. 23.
[52] Stefan Meier, a.a.O., S. 137.
[53] Ebd.
[54] Berger und Roth, a.a.O., Frage 38, N=352 Teilnehmer über 18 Jahre.

blick: Er spricht von der „Verflüchtigung des Bilderbes", mit „fatalen Auswirkungen auf das kulturelle Gedächtnis kommender Generationen".[55]

Allein durch die ständige Erfindung neuer Speichermedien und Datenformate können digitale Daten nicht dauerhaft archiviert werden. Viele größere Archive sind deswegen inzwischen schon auf die ‚Zweispurigkeit' umgestiegen: „digital erfassen und speichern, analog archivieren."[56] Was große Institutionen für sinnvoll erachten, ist auch im Alltag angekommen. Für die wichtigsten Fotos, die besonderen Erinnerungsmomente, wird oft nicht der PC hochgefahren, sondern das Buch aus dem Schrank geholt.

1.6 Die Gleichzeitigkeit des Ungleichzeitigen

Der recht ausführliche Vergleich von klassischem Fotoalbum und digital erzeugtem Fotobuch[57] soll hier als Beispiel für ein Phänomen dienen: dem Übergang von Vergangenheit in die Zukunft. So ist das analoge Ergebnis einer digitalen Technik nicht allein Retro-Mode oder Bedürfnisbefriedigung, vielmehr ist es die logische Konsequenz einer Technikrevolution, die das analoge Zeitalter noch nicht überwunden hat. Gerade jetzt, „noch im analogen Zeitalter sozialisiert – den Übergang zum digitalen Bild mit all seinen Facetten und Konsequenzen nicht zur Gänze nachvollzogen",[58] entsteht dieser Zwischenzustand. Der von Ernst Bloch formulierte Ausdruck der Gleichzeitigkeit des Ungleichzeitigen beschreibt die Situation als ein Nebeneinander verschiedener Entwicklungsstufen, aber auch die Attraktivität des Überholten ist ein Teil des Ansatzes. In vielen konsumkulturellen Bereichen lassen sich Objekte finden (materiell oder immateriell), die sich in ‚Retro-Form' an Vergangenem orientieren (Skeuomorphismus). Die vollständige Auflösung der materiellen Endprodukte im Bereich Digitalfotografie ist unter anderem deswegen eher unwahrscheinlich.

2. Ausblick

Wie hier gezeigt, lässt sich trotz des technischen Fortschritts anhand der bildrezipierenden Medien, wie dem Fotobuch im Vergleich zum klassischen Foto-

---

[55] Ulrich Hägele, a.a.O., S. 32-33.
[56] Ebd.
[57] Ein Fotobuch lässt sich am Computer mithilfe von Software und mit den eigenen Digitalfotos (ganz ohne einkleben) gestalten. Das Ergebnis wird gedruckt und nach Hause geschickt, ein (meist) professionell wirkendes ‚Bilderbuch'.
[58] Ulrich Hägele, a.a.O., S. 34.

album, ein *Status quo* im Bedürfnis des Rezipienten erkennen. Die Gründe für dieses Bedürfnis nach Materialität sind unterschiedlich. Auf der einen Seite ist es sicher der soziale Faktor und die rituellen Bildpraktiken, die Fotoalben bzw. -bücher hervorrufen. Auf der anderen Seite ist es der Archivierungswert dieser, oder schlicht die Inkorporation durch frühere, technikbedingte Analogie sind Ursachen. Aber wo liegt nun eigentlich der Unterschied von Fotos auf dem Computer und Fotos auf dem Papier aus kulturanthropologischer Sicht? Zunächst ist es die Haptik, das Fassbare, das *„Stets in greifbarer Nähe"*, wie es auf den letzten Seiten ausgeführt wurde.

Wichtiger als die Haptik ist aber vielleicht der zeremonielle Charakter des Gestaltens von Erinnerungsorten, dem gleichzeitigen Revue passieren lassen und Neuen gestalten, der sich auch bei den Fotobüchern durchsetzt (s. Punkt 2.3). Das Ritualhafte, welches sich auch bei der Analogfotografie durch alle Arbeitsschritte ab dem Filmkauf zieht, unterstützt das Sinngebende. Das Gefühl, in der immer technischer werdenden Welt, durch die eine immer größere Entfremdung vonstattengeht, noch etwas tun zu können, dass nicht alles der Technik überlassen wird. Das ist ein wichtiger Grund, weswegen Analogtechnik noch (relativ) beliebt ist und digitaltechnische Produkte sich ihrer anpassen. Aus den Digitalfotos ein Fotoalbum oder Fotobuch zu gestalten steht für das Bewahren von Überblick und Kontrolle gegenüber der in ihrer Komplexität nicht mehr begreifbaren Technik (im wahrsten Sinne).

Die Durchführung der Umfrage brachte die Bestätigung der oben dargestellten These, lässt aber auch erkennen, dass das Phänomen des Haptik-Bedürfnisses in der digitalen Welt doch kein allumfassendes ist. Wieso einer mehr, ein anderer weniger den Bedarf nach Materialität äußert und auslebt, bleibt hier ungeklärt.

Die Fotografie-Rezeption ist auch in fernerer Zukunft nicht in der völligen Dematerialisierung des Bildträgers zu sehen. Technisch wäre das sicher in wenigen Jahren bereits möglich, Fotos zum Beispiel nur noch hologrammartig im Raum schweben zu lassen und nicht mehr auf dem Bildschirm oder gar eingerahmt an der Wand zu betrachten. Sicher wird dieses auch vereinzelt auftreten, vielleicht auch in vielen Haushalten. Doch auch, wenn das post-digitale Zeitalter, die Übergangsphase von analog zu digital, abgeschlossen ist und den Agierenden nur noch digitale Medien geläufig sind, wird es eine materialisierte Ausformung der Digitalität geben. Denn: „Was tastbar ist, existiert. Was man nur sieht oder hört, kann ein Phantom sein"[59], schreibt Hartmut Böhme. Dieses ist tief im Menschen verankert.

---

[59] Böhme, Hartmut: Plädoyer für das Niedrige. Der Tastsinn im Gefüge der Sinne. In: Anthropologie. S. 215.

Literatur

Berger, Julia und Henriette Roth. *Umfrage zum Umgang mit analoger und digitaler Fotografie*, surveymonkey.net, Juli-August 2013. Link zur vollständigen Umfrage: http://resolver.sub.uni-goettingen.de/purl/?webdoc-3902

Böhme, Hartmut. „Plädoyer für das Niedrige. Der Tastsinn im Gefüge der Sinne," in *Anthropologie*, herausgegeben von Gunter Gebauer, S.214-224. Leipzig: Reclam, 1998.

Bourdieu, Pierre, Luc Boltanski, Robert Castel, Jean-Claude Chamboredon, Gérard Lagneau und Dominique Schnapper. *Eine illegitime Kunst. Die sozialen Gebrauchsweisen der Photographie.* Frankfurt a. M.: Suhrkamp, 1983.

Bracht, Christian. *Foto Marburg. Ein klassisches Bildarchiv und die digitale Bilderwelt.* In *Digitale Fotografie. Kulturelle Praxen eines neuen Mediums*, herausgegeben von Irene Ziehe und Ulrich Hägele, S. 157-166. Münster: Waxmann, 2009.

Brändle, Ilka. *Das Foto als Bildobjekt. Aspekte einer Medienanthropologie.* In *Bilderfragen. Die Bildwissenschaften im Aufbruch*, herausgegeben von Hans Belting, S. 83-100. München: Wilhelm Fink, 2007.

Dubois, Phillipe. *Der fotografische Akt. Versuch über ein theoretisches Dispositiv.* Amsterdam: Verlag der Kunst, 1998.

Hägele, Ulrich. *Scheinwelten. Über die Digitalisierung der Fotografie und ihre Bedeutung für die Kulturwissenschaft.* In *Digitale Fotografie. Kulturelle Praxen eines neuen Mediums*, herausgegeben von Irene Ziehe und Ulrich Hägele, S. 23-38. Münster: Waxmann, 2009.

Köhler, Benedikt. „Instagram - Die digitale Avantgarde entdeckt den Shabby chic," Slow Media. Zugriff am 22.09.2013. http://www.slow-media.net/instagram-die-digitale-avantgarde-entdeckt-den-shabby-chic.

Meier, Stefan. *Die Simulation von Fotografie. Konzeptuelle Überlegungen zum Zusammenhang von Materialität und digitaler Bildlichkeit.* In *Materialität und Bildlichkeit. Visuelle Artefakte zwischen Aisthesis und Semiosis* herausgegeben von Marcel Finke und Mark A. Halawa, S.126-142. Berlin: Kulturverlag Kadmos, 2012.

Sachsse, Rolf. *Zur Zukunft der Erinnerung.* In *Digitale Fotografie. Kulturelle Praxen eines neuen Mediums*, herausgegeben von Irene Ziehe und Ulrich Hägele, S. 13-22. Münster: Waxmann, 2009.

Scheiter, Barbara. *Ist das noch Fotografie?* In *Digitale Fotografie. Kulturelle Praxen eines neuen Mediums,* herausgegeben von Irene Ziehe und Ulrich Hägele, S.39-46. Münster: Waxmann, 2009.

Photoindustrie-Verband. „Globale Markttrends für Imaging Produkte." Zugriff am 21.08.2013. http://www.photoindustrie-verband.de/artikel/Globale-Markttrends-fuer-Imaging-Produkte.

Die Rolle der Smartphone-Fotografie und Sozialer Netzwerke in der Entstehung einer neuen Bildästhetik und neuer Bildtypen

Henriette Roth

1. Einleitung

Jahrzehnte hat es gedauert, bis sich die analoge Fotografie nach ihrer Erfindung den Status einer ernstzunehmenden Kunstform erkämpft hatte. Zunächst von William Henry Fox Talbot als ‚Pinsel der Natur'[1] bezeichnet, wurde sie überwiegend zu Dokumentationszwecken und als Hilfsmittel für die Kunst genutzt. Jedoch nicht allein durch den Einfluss des Piktorialismus schaffte sie letztendlich den Sprung von einem Medium der Dokumentation zu einer eigenständigen und angesehenen Kunstform.

Kodaks Erfindung des Fotofilms und das Aufkommen von handlichen Kompaktkameras hat die Fotoproduktion schließlich auch für Amateurfotografen interessant werden lassen. Doch die wohl stärkste Veränderung erfuhr das Medium etwa ab 1990 im Zuge der Digitalisierung. Lawrence Lessig, Professor für Rechtswissenschaften und Spezialist für Urheberrecht, sah in dieser „digitalen Revolution" eine Voraussetzung für die Demokratisierung des fotografischen Bild-

---

[1] Vgl. Larry J. Schaaf, *Henry Fox Talbot's The Pencil of Nature. Anniversary Facsimile* (New York: Hans P. Kraus, Jr. Inc., 1844).

mediums.² Durch vergünstigte, handlichere und bedienungsfreundlichere Fotoapparaturen und -produktion hatte jetzt jedermann die Möglichkeit nicht nur passiv, sondern auch aktiv und kreativ das Medium Fotografie zu nutzen. Ergo, es kam in den Folgejahren zu einer inflationären Bildproduktion, die bis heute ansteigt.

Was die Umstellung von analog auf digital für das Medium der Fotografie in Bezug auf die Bildwissenschaft bedeutet hat, wurde und wird in der Forschung bereits vielfach analysiert und diskutiert. So geht Stefan Meier davon aus, dass es sich bei der digitalen Fotografie, zumindest in Bezug auf die Indexikalität und Ikonologie, lediglich um eine Illusion von Fotografie handele. Die direkte Verbindung des Fotos mit dem fotografischen Objekt (bei der analogen Fotografie durch den Prozess der chemischen Belichtung gegeben) wird bei digitalen Aufnahmeverfahren abgetrennt.³ „Die Lichtstreuung verursacht nur noch die Produktion von digitalen Datenpunkten",⁴ die somit ganz unabhängig von fotografierten Objekten, frei gestaltbar und bearbeitbar sind. Meier misst digitalen Fotografien eine höhere Flexibilität und geringere Authentizität als analogen Fotografien bei und argumentiert daher beispielsweise entgegen William John Thomas Mitchell, der in seinem Aufsatz *Realismus im Digitalen Bild* der analogen Fotografien nicht mehr oder weniger Realismus zuspricht, als ihrem digitalem Gegenstück.⁵

Aufgrund der bereits umfangreichen Forschungsliteratur zu diesem Thema soll sich die folgende Abhandlung also nicht dem Versuch widmen, eine der beiden Positionen zu bestärken.⁶ Sie soll viel mehr den Versuch darstellen, S. Meiers Frage, „warum sich die Bildverwendung [digitaler Fotografie] angesichts dieser Entwicklungen nicht grundlegend von der analogen Fotografie unterscheidet", mit der er seine Abhandlung schließt, nachzugehen. Dabei soll die in ihr enthaltene These, dass es zu keiner Veränderung in der Bildpraxis kommt, gegebenenfalls widerlegt werden.⁷ Der Schwerpunkt liegt daher weniger auf den Überlegungen zur

---

[2] Vgl. Lawrence Lessig, *The Future of Ideas. The Fate of the Commons in a Connected World* (New York: Vintage, 2001), S. 5.

[3] Vgl. Stefan Meier, „Die Simulation von Fotografie. Konzeptuelle Überlagerung zum Zusammenhang von Materialität und digitaler Bildlichkeit," in *Materialität und Bildlichkeit. Visuelle Artefakte zwischen Aisthesis und Semiosis*, hg. v. Marcel Finke und Mark A. Halawa (Berlin: Kulturverlag Kadmos, 2012), S. 126-147.

[4] Stefan Meier, a.a.O., S. 141f.

[5] Vgl. William John Thomas Mitchell, „Realismus im Digitalen Bild," in *Bilderfragen. Die Bildwissenschaften im Aufbruch*, hg. v. Hans Belting (München: Fink, 2007), S. 237-255.

[6] Siehe hierfür u. a. Jan Brüning, „Das Drama auf der Hinterbühne. Pressefotografen und die Digitalisierung der Pressefotografie. Autenzität digitaler Fotos," in *Digitale Fotografie. Kulturelle Praxen eines neuen Mediums*, hg. v. Irene Ziehe und Ulrich Hägele (Münster: Waxmann Verlag, 2009), S. 69f.

[7] Stefan Meier, a.a.O., S. 142.

Bildontologie und dem Verhältnis zwischen Bildobjekt und Bildträger, sondern auf der Beobachtung und Analyse von Bildästhetik, -funktion und -inhalt digitaler Fotografie. Besonders die Rolle von Smartphone-Fotografie und ihrer typischen Eigenschaften, sowie die Funktion von sozialen Netzwerke (am Beispiel von Facebook) und Fotoplattformen (am Beispiel von Instagram und Flickr) in der Entwicklung einer neuen Netz-Bildästhetik sollen als ausschlaggebende Aspekte für eine Veränderung in der Bildpraxis geprüft werden. Smartphone-Fotografie wird im folgenden Text daher zumeist aus einer Doppelperspektive betrachtet; d. h. Smartphone-Fotografie zum einen als neues fotografisches Kunstgenre und zum anderen als bildbasierte Kommunikationsform im Alltagsgebrauch.

Als Informationsquelle dient die Auswertung einer Umfrage zum Thema *Umgang mit analoger und digitaler Fotografie*, im Rahmen des Projektes *Forschungsorientiertes Lernen und Lehren 2013 - Bilder der Gegenwart*.[8] Außerdem geben Antworten eines Interviews mit dem iPhone-Fotokünstler Michael Schulz, welches am 22.07.2013 via Email durchgeführt wurde, Aufschluss über die Entwicklungen im Bereich der Smartphone-Fotografie, als Kunstform.

2. Smartphone-Fotografie

„The best camera is the one that's with you"[9] ist ein Zitat auf das man in so gut wie jeder Abhandlung, jedem Artikel oder Kommentar über Smartphone-Fotografie stößt. Entlehnt von Chase Jarvis' Buchtitel zum 2009 publizierten und weltweit ersten Bildband zur iPhone-Fotografie taucht es, teilweise minimal verändert, immer wieder auf und ist dadurch in kürzester Zeit zu einem vereinenden Slogan jenes neuen fotografischen Genres und seinen Anhängern geworden. Auch Fotojournalist und Vertreter der iPhone-Fotografie Richard Koci Hernandez erklärt seine Wahl, die Smartphone-Kamera anderen fotografischen Apparaturen vorzuziehen, ähnlich:

> Der Grund dafür ist einfach: Ich kann sofort auf meine Umgebung reagieren. Ich habe die Kamera ja immer bei mir. Wer verlässt heute noch sein Haus ohne Schlüssel, Telefon und Geldbörse?[10]

---

[8] Siehe Anhang.
[9] Siehe hierzu Case Jarvis, *The Best Camera Is The One That's With You: iPhone Photography by Chase Jarvis (Voices That Matter)* (Berkeley: New Riders, 2009).
[10] „iPhone-Fotografie. Instagram wird die Fotografie nicht auslöschen," Fabian Mohr, Zeit Online, 03.05.2013, Zugriff am 26.09.2013, http://www.zeit.de/kultur/kunst/2013-04/fotografie-smartphone-iphone.

Doch begründet die selbsterklärende Parole an die Mobilität und allzeitige Präsenz von Smartphone-Kameras allein den aktuellen Siegeszug der Smartphone-Fotografie, der sich nicht nur mit dem Erfolg von Fotoplattformen wie Instagram, sondern auch mit aktuellen Marktentwicklungen in Bereich von Apps und Zubehör für Smartphone-Kameras belegen lässt?[11]

2.1 Analog, digital, multifunktional – die Revolution der Smartphone-Kamera

Denkt man an die in den 1930ern produzierte Kleinstbildkamera-Serie Minox 8x11, oder der 1972 von Kodak produzierten Typ 110 zusammen mit dem Pocketfilm, so hatten schon einige analoge Kameras, ein sehr kleines Format und eigneten sich daher gut zum Transport. Diese Beispiele stellen vermutlich Spezialfälle dar, die nur schwer für einen Vergleich mit heutiger Fotoproduktion im Alltag herangezogen werden können. Sie zeigen aber sehr wohl, dass die Kompaktheit und Mobilität eines Kameramodells allein nicht ausschlaggebend für einen kommerziellen Erfolg ist

Es bleibt also zu klären, worin genau die Vorteile der Smartphone-Fotografie liegen. Dafür lohnt es sich, einen Blick auf den aktuellen Umgang mit Fotografie zu werfen.

Eine Umfrage zum Thema *Umgang mit analoger und digitaler Fotografie*, hat ergeben, dass etwa 98 % aller befragten Personen digital fotografieren, 44 % davon mit ihrer Smartphone-Kamera. Nur 23 % der Befragten nutzen stattdessen bzw. zusätzlich noch analoge Fotokameras, wobei es sich bei jenen Personen vorwiegend um Berufs- und semiprofessionelle Hobbyfotografen handelt.[12] Digitale Fotoapparaturen haben gegenüber analogen Alternativen also Vorzüge, welche über den Mobilitätsfaktor hinausgehen. Unter den am häufigsten genannten Vorteilen finden sich vor allem das bei Digitalkameras vorhandene Display und damit die Möglichkeit, aufgenommene Bilder sofort betrachten und gegebenenfalls aussortieren zu können, dass aufgrund der vorhandenen Speicherkarte keine Kosten für Filme anfallen, dass eine Entwicklung der Bilder nicht mehr unbedingt nötig ist

---

[11] Sony bringt Objektiv-Aufsatz für Smartphone-Kameras, Samsung bringt das Galaxy S4 Zoom, ein Hybridmodell aus Smartphone und Kamera auf den Markt.

[12] Vgl. Julia Berger und Henriette Roth, *Umfrage zum Umgang mit analoger und digitaler Fotografie*, surveymonkey.net, Juli-August 2013, N=442 Teilnehmer über 18 Jahre. N_{Q19}=410 Teilnehmer, N_{Q21}=395 Teilnehmer. http://resolver.sub.uni-goettingen.de/purl/?webdoc-3902.

und dass digitale Fotos nachträglich einfach und schnell mithilfe eines Computers und Fotobearbeitungsprogrammen optimiert werden können.[13]

Dass es die Digitalkamera in den letzten 20 Jahren geschafft hat, analoge Kameras zumindest aus dem Alltagsgebrauch fast vollständig zu verdrängen, ist anhand dieser Zahlen und Antworten recht deutlich und soll an dieser Stelle nicht weiter diskutiert werden. Interessanter erscheint die Frage, ob sich eine ähnliche Verdrängung der Digitalkameras durch Smartphone-Kameras andeutet.

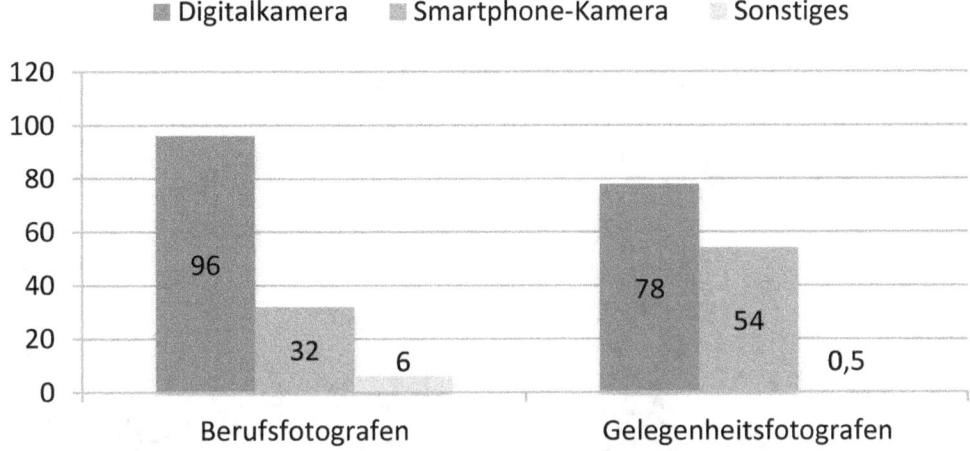

Abbildung 1: Was nutzen Sie zum Aufnehmen digitaler Fotos? (Angaben in Prozent)[14]

Obwohl die deutschlandweiten Verkaufszahlen von Digitalkameras vom Jahr 2011 auf 2012 laut einer Prognose des Hightech-Verbandes BITKOM lediglich um 2 % gefallen sind, ließ sich doch eine deutliche Veränderung der Nachfrage erkennen.[15] Verbraucher, die sich für den Kauf einer Digitalkamera entschieden, suchen hier gezielt nach einer Alternative zur Schnappschuss-Fotoqualität von Smartphone-Kameras und gaben im Durchschnitt mehr Geld für qualitativ hochwertigere und professionellere Modelle aus als im Vorjahr. Vor allem kleine und handliche Digitalkameras mit hoher Fotoauflösung und Wechselobjektiven lagen

---

[13] A.a.O., N_{Q20}=370 Teilnehmer.
[14] Vgl. Berger und Roth, a.a.O., N_{Q21}=395 Teilnehmer ($N_{Berufsfotografen}$= 47 Teilnehmer, $N_{Gelegenheitsfotografen}$= 211 Teilnehmer).
[15] Vgl. „Digitalkameras trotzen den Handy-Alleskönnern. Presseinformation," BITKOM – der Hightech Verband, 20.03.2012, Zugriff am 26.09.2013, http://www.bitkom.org/files/documents/BITKOM_Presseinfo_Markt_fuer_Digitalkameras_20_03_2012.pdf.

dabei im Trend.[16] „Viele Verbraucher wollen für anspruchsvolle Fotos auf Digitalkameras nicht verzichten.", heißt es in der Presseinformation, so würden Smartphone-Kameras „vor allem für Schnappschüsse genutzt."[17] Diese Aussage wird durch die Ergebnisse der Umfrage gestützt. Auf die Frage: „Was nutzen Sie zum Aufnehmen von digitalen Fotos?"[18] (Abb. 1) hin, zeichnet sich ab, dass Berufsfotografen deutlich seltener die qualitativ minderen Smartphone-Kameras verwenden, als Gelegenheitsfotografen. Schnappschüsse mit dem Smartphone werden hingegen durchschnittlich häufiger produziert, als Fotografien mit Digitalkameras (Abb. 2).

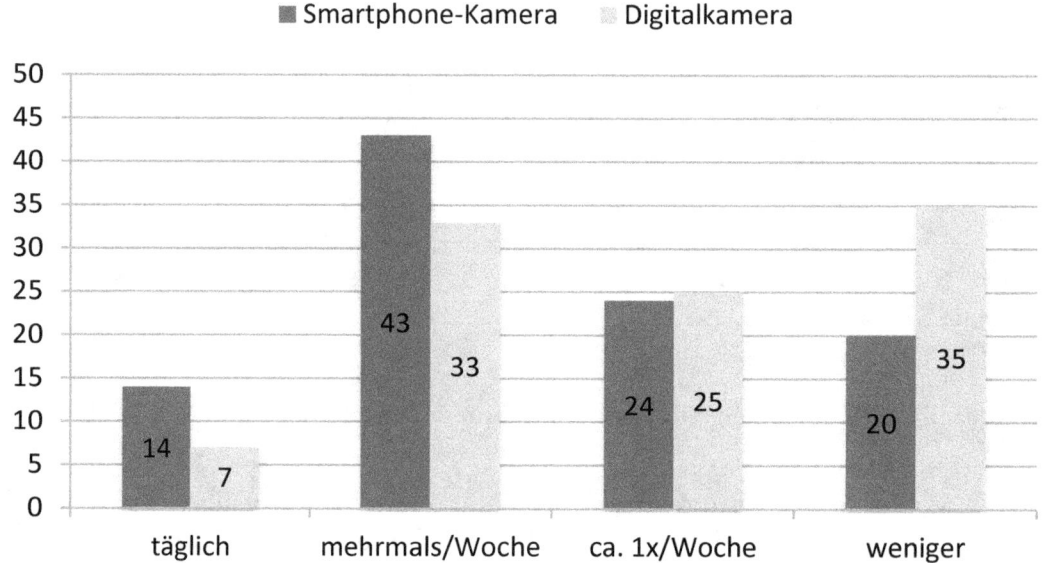

Abbildung 2: Wie häufig fotografieren Sie digital? (Angaben in Prozent)[19]

Die geringere Fotoqualität der meisten Smartphones, vor allem im Bereich der iPhone-Fotografie, muss aber nicht unbedingt ein Nachteil sein. Gerade für Kunstfotografen kann sie zu einem spannenden Ausdrucksmittel werden. „[Mich] reizen die technischen Einschränkungen die Smartphone-Fotografie noch mit sich bringt

---

[16] Ebd.
[17] Ebd.
[18] Vgl. Berger und Roth, a.a.O., N_{Q21}=395 Teilnehmer.
[19] Vgl. Berger und Roth, a.a.O., N_{Q23}=392 Teilnehmer ($N_{Smartphone}$= 174 Teilnehmer, $N_{Digitalkamera}$= 330 Teilnehmer).

– es ist der Versuch, das Maximale trotz dieser Einschränkungen aus den Fotos herauszuholen", sagt der iPhone-Fotokünstler Michael Schulz.[20]

Doch Smartphone Hersteller sind sich über die Bedeutung der Smartphone-Fotografie als Verkaufsargument durchaus bewusst und setzen 2013 auf die Weiterentwicklung der Kameraleistungen. Neue Smartphone-Kameras mit 41-Megapixel Auflösung, statt wie bei üblichen Modellen nur 13 Megapixel, die das Hineinzoomen in Fotos ohne relevanten Fotoqualitätsverlust ermöglichen, stehen den meisten Digitalkameras in nichts nach.[21]

> Ich habe auch lange überlegt, ob ich mir eine teure Digitalkamera zulege, habe mich aber schlussendlich dagegen entschieden: Ich habe keine Lust, eine klobige Kamera mit mir herumzuschleppen. Per Smartphone können Fotos viel schneller und spontan geschossen [...] UND direkt auf dem Medium bearbeitet werden.[22]

Im Gegenteil: Smartphones vereinen die Vorteile digitaler Kameras, wie Display, digitaler Speicherkarte und einem einfachen, auch für Laien geeigneten Fotoaufnahmeprozess. Zusätzlich bieten sie Funktionen, die übliche Digitalkameras nicht leisten können. Sie verfügen über integrierte bzw. downloadbare Programme/Apps, die das Bearbeiten von Fotos direkt auf dem Gerät ermöglichen, sowie einem Mobilfunknetz- und Internetzugang für die schnelle Verbreitung von Fotos. Diese Multifunktionalität und Vernetztheit der Aufnahmegeräte hat einen mindestens genauso großen Einfluss auf die Fotografie, wie die Umstellung von analoger auf digitale Technik und soll im Folgenden näher betrachtet werden.

2.2 Foto-Apps

Bei Digitalkameras scheint der Erfolg einer Fotografie in den richtigen Voreinstellungen zu liegen. Dabei lassen sich an üblichen Mittelklasse-Modellen unter anderem Belichtungszeiten, Fokus, Farb-, Kontrast- und Sättigungswerte festlegen. Nachträglich lässt sich nur mithilfe eines PC sowie mit zum Teil teuren und komplizierten Fotobearbeitungsprogrammen auf das Ergebnis Einfluss nehmen. So sagt Schulz:

---

[20] Michael Schulz (Berlinstagram), interviewt von Henriette Roth via Email, 22.07.2013.
[21] Das Nokia Lumia 1020 besitzt eine 41-Megapixelsensor Kamera mit einem sechs Linsen Objektiv von Carl Zeiss, sowie ein Xenon-Blitz Funktion.
[22] Vgl. Michael Schulz, a.a.O.

> Ein klassischer Fotograf legt alle Voreinstellungen im Vorfeld fest. Ich entscheide im Nachhinein, mit welcher App ich aus dem jeweiligen Foto das beste Ergebnis erzielen kann.[23]

Durch fotografiespezifische mobile Applikationen, (folgend Apps bzw. Foto-Apps genannt), die aus dem App-Store bzw. Internet direkt auf das Smartphone geladen werden können, verschmelzen Fotokamera und digitale Dunkelkammer erstmals miteinander. Nachträglich können so der Ausschnitt des Bildes und die Drehung verändert, Helligkeit, Kontraste, Farbsättigung, und Schärfe des Bildes reguliert, bereits vorhandene oder zum Teil auch selbst erstellte Schwarz-weiß-, Vintage- oder Retro-Filter über das Foto gelegt und Text oder eigene Zeichnungen hinzugefügt werden. Einige Apps bieten außerdem zusätzliche Funktionen, die das Aufnehmen von Fotos mit der Smartphone-Kamera, beispielsweise durch Verwacklungsschutz, Rasterlinien und Autofokus erleichtern. Der Fotojournalist und Vertreter der iPhone-Fotografie Richard Koci Hernandez berichtet daher:

> Apps sind übrigens gar nicht so weit weg davon, wie wir früher Bilder entwickelt haben. Wir haben mit Fotopapier gespielt, mit Kontrast, mit Glanzeffekten. Fotografen waren schon immer fasziniert davon, Bilder noch besser zu machen. Apps haben auch einen gewissen Grad an Spaß zurückgebracht in die Fotografie.[24]

Um noch einmal auf die eingangs zitierte Behauptung von W. J. T. Mitchell über die höhere Flexibilität und geringere Authentizität von digitalen Fotos zurückzukommen, lässt sich Hernandez Aussage an dieser Stelle als ein Beweis dafür lesen, dass sich die Manipulationsmöglichkeiten von Fotografie mit Umstellung von analog auf digital nicht verstärkt haben, sondern lediglich einfacher wurden.

Aufgrund dieser Vereinfachung, welcher der Fotografie durch die Smartphone-Technik und Foto-Apps zuteilwird, kommen sich Profi-Fotografen und Laien in Fragen der Sehgewohnheiten, Bearbeitung bzw. Manipulation und Vermarktung von Fotografien immer näher. Das „Mysterium Dunkelkammer" und die „Aura des Fotografen" haben sich „vollkommen erledigt".[25] So jedenfalls lautet ein Kritikpunkt an der Smartphone-Fotografie, wie sie der Fotograf Maurice Weiss ausspricht.[26]

Hat die Fotografie durch die Entwicklung hin zu einem demokratisierten Bildmedium, wie bereits oben erklärt, an künstlerischem Wert verloren? Ist eine aus-

---

[23] Vgl. Michael Schulz, a.a.O.
[24] Fabian Mohr, a.a.O., S. 3.
[25] Vgl. „Sind Smartphone eine Gefahr für anspruchsvolle Fotografie?" Maurice Weiss, Zeit Online, 10.05.2013, Zugriff am 26.09.2013, http://www.zeit.de/video/2013-05/2343726146001/.
[26] Ebd.

drucksstarke digitale Fotografie, optimiert mit Hilfe von Foto-Apps oder –bearbeitungsprogrammen weniger Kunst als eine in einer Dunkelkammer entwickelte Fotografie, nur weil der handwerkliche Prozess digitalisiert und dadurch für jedermann handhabbar wird? Weiss' Kritik erinnert stark an die Vorurteile, denen sich die Fotografie vonseiten der Malerei kurz nach ihrer Entstehung ausgesetzt sah. Eine Technologie übernimmt plötzlich das, was vorher der Künstler per Hand vollbrachte und verliert daher scheinbar an Aura.[27] Abb. 3.2 und 3.1 veranschaulichen "how an alternative crop and adding a vignette (with Snapseed's center focus) could completely change the appearance of a scene..."[28], und zeigt, dass es auch beim Anwenden von Foto-Apps qualitative Unterschiede im Umgang gibt. Lediglich einen Retro-Filter zu verwenden reicht um einen künstlerischen Anspruch zu erfüllen nicht aus. Viel mehr braucht es ein Gespür für Atmosphäre und Stimmungen, ein gutes Auge für Komposition und Perspektive und eine Idee.

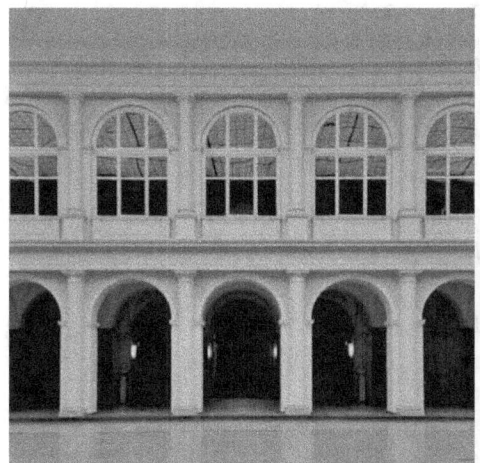 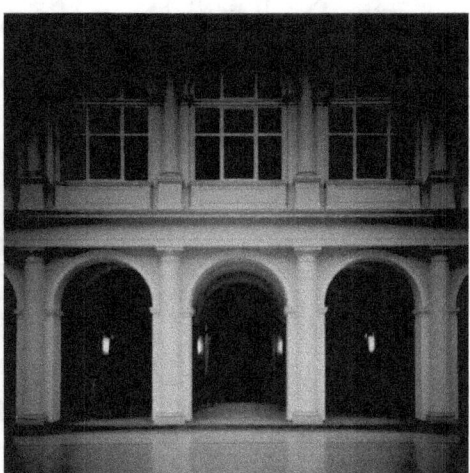

Abbildung 3.1 und 3.2: Michael Schulz, Institute of Biology - Mittelbau (Biophysics), Berlinstagram[29]

Jeder der sich ein Smartphone leisten kann, wird zum Fotografen und die Bezeichnung dadurch unklar, so ein zweiter Kritikpunkt von Weiss.[30] Auch dem gibt es etwas entgegen zu setzen: Amateurfotografie existiert nicht erst seit der Smartphone-Revolution, sondern bereits seit dem Aufkommen von handlichen und

---

[27] Vgl. Walter Benjamin, *Das Kunstwerk im Zeitalter seiner technischen Reproduzierbarkeit*, Gesammelte Schriften Band I (Frankfurt/M.: Suhrkamp, 1980).
[28] „Berlinstagram", Michael Schulz, Zugriff am 26.09.2013, http://instagram.com/p/ cyJeXBgUUv/.
[29] Vgl. „Berlinstagram", Michael Schulz, Zugriff am 26.09.2013 http://instagram.com/p/ cyIrXtgUUN/ und http://instagram.com/p/cyJeXBgUUv/.
[30] Vgl. Maurice Weiss, a.a.O.

bezahlbaren Analogkameras für den Alltagsgebrauch, denkt man dabei an alte Urlaubs- und Familienfotos, die nahezu jeder Haushalt in Fotoalben oder Fotokisten aufbewahrt.[31] Nur blieben diese Fotos meist von der Öffentlichkeit ungesehen. Anders gestaltet sich das bei der Smartphone-Fotografie. Hier wird (beinahe) jeder zum Kurator und Gestalter seiner eigenen Fotos. Denn Smartphones verleiten dazu, bearbeitete und optimierte Smartphone-Fotografien häufig direkt aus der Foto-App heraus mit anderen Personen über eine Sharing-Funktion, die das Bild beispielsweise an soziale Netzwerke wie Facebook und Twitter, Fotoplattformen wie Instagram und Flickr oder auch per Email freigibt, zu teilen. Die Masse an öffentlich zugänglichen Fotografien nimmt dadurch zu, aber nicht jede dieser Fotografien ist künstlerisch oder journalistisch relevant. Technisch fehlerhafte, nichtssagende und Laienfotografien erfahren auch auf sozialen Netzwerken maximal das Interesse des engsten Bekanntenkreises und gehen früher oder später in der Masse unter. Das bestätigt auch Morgan G. Ames in einem Interview:

> Many photographs today are take-once and view-once [...] and have little value beyond that, at least currently. I can imagine archaeologists sifting through our digital remains sometimes in the future and these photographs serving useful functions for them, but will we ever go back and look at our meals and shopping lists and pretty sunsets? It's hard to say.[32]

Nicht jeder Fotoproduzent ist also zugleich auch Fotograf und nicht jede Fotografie ist intendiert, Kunst zu sein. Dass es aber durchaus eine Nachfrage nach künstlerisch ausdrucksstarken Smartphone-Fotografien gibt, beweist der aktuelle Erfolg von Fotoausstellungen, wie das Berliner Fotofestival 2013 mit den dort verliehenen Mobile Photo Awards.[33]

2.3 Bildbasierte Kommunikation

Lässt man den künstlerischen, journalistischen oder wissenschaftlichen Anspruch der Smartphone-Fotografie beiseite, so stellt sich die Frage, welche Funktionen sie

---

[31] Siehe hierzu u.a. Manuela Barth, "Die Stunde der Amateure. Zum Amateurbegriff im Prozess der Digitalisierung der Fotografie," in *Digitale Fotografie. Kulturelle Praxen eines neuen Mediums*, hg. v. Irene Ziehe und Ulrich Hägele (Münster: Waxmann Verlag, 2009), S. 85-101.
[32] "What Instagram Taught A Photographer About Life. We're dying to share every moment. We should be living instead," Nick Statt, ReadWrite, Zugriff am 26.09.2013, http://readwrite.com/2013/06/13/instagram-dirk-dallas-shareable-moment#awesm=~ofJptirVjOiOdz.
[33] Vgl. „Mobile Photography," Berlin Fotofestival'13, Browse Foto-Festival, Zugriff am 26.09.2013, http://berlin-fotofestival.de/ausstellungen-lokal/.

im Alltagsgebrauch einnimmt und ob diese den Rahmen der bisherigen Gebrauchsfotografie erweitert.

Der Erinnerungsfaktor, der von 71 % der Befragten als wichtig angegeben wurde und spätestens seit Barthes als eine der wichtigsten Funktionen der Fotografie gilt, sei es digitale oder analoge Fotografie, spielt nach wie vor eine entscheidende Rolle.[34] Hierbei handelt es sich vor allem um Schnappschüsse im Urlaub oder bei besonderen Anlässen sowie von Freunden und Familie. Sie verbleiben zum Teil im Smartphone-Speicher, werden auf den Computer übertragen und archiviert und nur von sehr wenigen Nutzern, nämlich gerade einmal 18,11 %, ausgedruckt oder entwickelt. Viel häufiger hingegen werden die Schnappschüsse in Form von Bildkommunikation verwendet. 64 %, also deutlich mehr als die Hälfte, nutzen ihre Smartphone-Fotos zum Versenden per SMS, What's App, Email und Ähnliches.[35] So werden von rund 300 Millionen (im Monat aktiven) What's App Nutzern weltweit pro Tag insgesamt ca. 325 Millionen Fotos über den Smartphone-Nachrichtendienst versendet.[36] Dabei handelt es sich um eine Zahl, die stetig zunimmt.

Die Möglichkeit des digitalen Versendens von Fotografien direkt via Smartphone, ohne Umwege über den PC als Zweitmedium - wie es bei üblichen Digitalkameras der Fall war oder, um noch einen Schritt zurück zu gehen, dem Versenden von analogen Fotos und Postkarten per Post - schafft eine neue Form der sozialen Verbundenheit.[37] Wichtige Momente oder besondere Erlebnisse können festgehalten und über Bildmitteilungsdienste annähernd zeitgleich mit abwesenden Personen geteilt und kommuniziert werden. Das Bild erweckt beim Empfänger das Gefühl, am Moment selbst teilnehmen zu können. Hierdurch kommt es zu einer lokalen Überbrückung ohne eine relevante zeitliche Differenz.

Neben künstlerischer und angewandter Fotografie hat Fotografie also auch eine wichtige soziale Rolle eingenommen. In Form einer bildbasierten Kommunikationsfunktion im Alltagsgebrauch, die sich im Gegensatz zu vorheriger an analoge Medien gebundene bildbasierte Kommunikation (z. B. auf Werbeplakaten, Flyern etc.) auf einer verstärkt interpersonellen und persönlicheren Ebene bewegt und wodurch sich der Fotografie neue Bildinhalte eröffnet haben.

---

[34] Roland Barthes, „Die Fotografie als Botschaft," in *Der entgegenkommende und der stumpfe Sinn. Kritische Essays III*, hg. v. Roland Barthes (Frankfurt/M.: Suhrkamp, 1990), S. 11-27.
[35] Vgl. Berger und Roth, a.a.O., N_{Q30}= 359 Teilnehmer.
[36] „Whatsapp lernt sprechen," Matthias Huber, Süddeutsche.de, 08.08.2013. Zugriff am 26.09.2013 http://www.sueddeutsche.de/digital/messaging-dienste-whatsapp-lernt-sprechen-1.1741695.
[37] Vgl. Carole Riviére, „Mobile Camera Phones: A New Form of 'Being Together' in Daily Interpersonal Communication," in *Mobile Communications. Re-negotiation of the Social Sphere*, hg. v. Rich Ling und Per E. Pedersen (London: Springer, 2005), S. 167-184.

56 % der Befragten gaben an, ihre Smartphone-Fotografien regelmäßig als Merkhilfe für Informationen zu nutzen. Antworten aus der Befragung nannten folgende Gründe: „berufliche Dokumente (Berichte)", „Notizen von Kommilitonen", „Informationen (Uhrzeiten etc)", „Dinge, die ich mir nicht aufschreiben möchte", „Dokumente, wenn kein Kopierer zur Verfügung steht", „Folien von Vorlesungen oder PC Bildschirme zur einfachen Kommunikation" und so weiter. Die Umfunktionierung des Smartphones in einen Scanner, Kopierer bzw. Fax geht einher mit der Suche nach immer einfacheren und schnelleren Wegen zur Speicherung und Verbreitung von geschriebenen Informationen, ähnlich der Sprachökonomie im Bereich der auditiven Informationsweitergabe. Fotografien, zum Beispiel von Dienstplänen, Öffnungszeiten, Straßenschildern etc., stellen eine Gruppe von Bildinhalten dar, die zu Zeiten der analogen Fotografie kaum denkbar gewesen wäre.

Um auf das Zitat „The best camera is the one that's with you" und die Ausgangsfrage nach den Vorteilen von Smartphone-Kameras gegenüber anderen Kameramodellen zurückzukommen, lässt sich daher festhalten, dass neben der Kompaktheit und Mobilität vor allem die Multifunktionalität ein entscheidendes Kriterium für die Smartphone-Fotografie ist. Fotos lassen sich mit Smartphone-Kameras im Gegensatz zu Digitalkameras nicht nur aufnehmen, betrachten, aussortieren und speichern, sondern können direkt auf dem Smartphone durch spezielle Apps nachbearbeitet, optimiert und anschließend mit anderen Personen geteilt bzw. kommuniziert werden.

3. Soziale Netzwerke und Fotoplattformen

Die bildbasierte Kommunikation lässt sich über SMS, Email und Instant Messanger-Dienste wie What's App hinaus durch das Web 2.0 auf ein noch höheres Level heben. Kommunikation und Kontaktpflege mit anderen Personen durch das veröffentlichen von Fotografien auf sozialen Netzwerken gehört vor allem für jüngere Generationen schon seit Langem zum Alltag. Noch mehr Fotos können in noch kürzerer Zeit mit noch mehr Personen geteilt, bewertet und diskutiert werden. Die Fotografie wird dadurch zu einem Live-Medium und einem Instrument der Selbstinszenierung. So gaben etwa 72 % der Befragten (74 % in der Gruppe der 21-29-jährigen) an, soziale Netzwerke und/oder Fotoplattformen regelmäßig zu nutzen, wobei von ihnen dort lediglich 11 % nie selbst erstellte Fotografien veröffentlichen. Bei den 28 % der Nicht-Nutzer spielt vor allem die

Sorge über den Datenschutz oder das mangelnde Interesse an der Darstellung der eigenen Person eine Rolle bei der Entscheidung gegen soziale Netzwerke.[38]

3.1 Facebooks Netz-Bildspezifika und Schlüsselfotografien

Facebook, 2004 gegründet und zunächst nur für Studenten der Harvard-Universität zugreifbar, ist aktuell das aktivste soziale Netzwerk weltweit.[39] Doch erst mit der Einführung des auf deutschsprachige Länder begrenzten studiVZ im Jahr 2005 und dem etwas später eröffneten meinVZ erreichte die Erfolgswelle sozialer Netzwerke auch Deutschland, bevor sich Facebook auch hier, wie anhand der Stichproben aus der Umfrage in Abb. 4 deutlich erkennbar, zur beliebtesten Internet-Kommunikationsplattform entwickelte.

Die Grundidee der Urversion Facebooks mit dem Namen Facematch bestand zunächst darin, Fotografien zweier Harvardstudenten nebeneinander darzustellen und für Besucher der Seite vergleich- und bewertbar zu machen.[40] Diese Fotografien mussten daher eine bestimmte Funktion erfüllen, nämlich die zu bewertende Person und deren äußere Erscheinung möglichst genau abbilden. Es handelte sich also ausschließlich um Porträtfotografie.

Heute ist Facebook nicht mehr primär auf Fotografien ausgelegt, sondern verfügt über eine komplexe Netzwerkstruktur mit Mail-, Chat- und Kommentar-Funktionen, einer Profilseite, auf der es dem Nutzer möglich ist, Informationen über die eigene Person zu veröffentlichen, einer Seite für Neuigkeiten, auf der Statusmitteilungen und Informationen von und über andere Personen angezeigt werden und einer Blog-Funktion, mit der eigene Textbeiträge, Fotografien, Videos oder Links mit anderen Nutzern geteilt werden können und anderes mehr. Es wird also nicht primär über Fotografien kommuniziert, wie das bei Facematch und anderen Fotoplattformen der Fall war bzw. ist. Fotografien nehmen auf Facebook jedoch immer noch eine wichtige Rolle in Form von Profilfotos, Fotos in Statusmitteilungen und verlinkten oder eingebetteten Fotos als „Medium der Selbstdarstellung" und als „Teil der kommunikativen Praxis" ein.[41]

---

[38] Vgl. Berger und Roth, a.a.O., N_{Q42}= 378 Teilnehmer.
[39] Vgl. Birgit Richard et al., *Flickernde Jugend – Rauschende Bilder, Netzkulturen im Web 2.0.* (Frankfurt/M.: Campus, 2010), S. 85-93.
[40] Vgl. Birgit Richard et al., a.a.O., S. 85.
[41] Birgit Richard et al., a.a.O., S. 85.

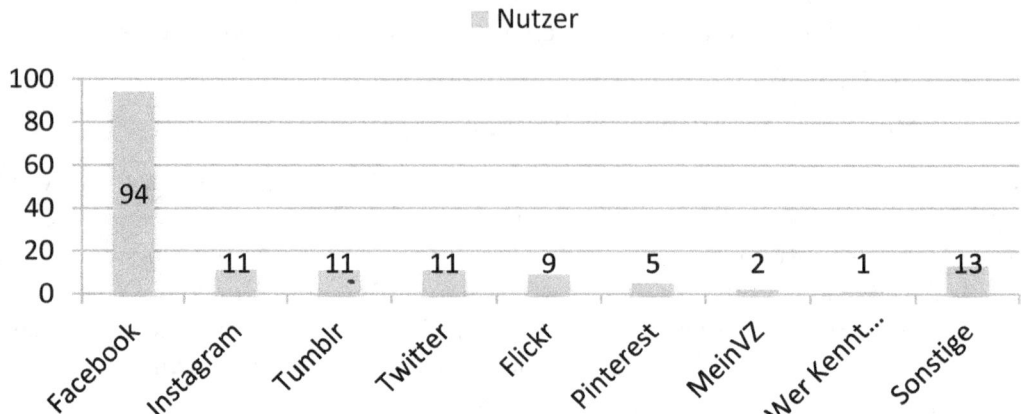

Abb. 4: Welche Sozialen Netzwerke und/oder Fotoplattformen nutzen sie aktiv? (Angaben in Prozent)[42]

Diese Selbstdarstellung durch Fotografien beginnt bei der Auswahl des Profilfotos. Schon hier lassen sich verschiedenen Typen erkennen, die anderen Nutzern und Besuchern des Profils scheinbar Aufschluss über die eigene Online-Persönlichkeit geben können. Birgit Richard, Jan Grünwald, Marcus Recht und Nina Metz haben durch die Analyse zahlreicher Profilfotos von Nutzern der Plattformen Facebook, MySpace und studiVZ typische Kategorien zusammengetragen.[43] An dieser Stelle sollen nur einige markante Beispiele genannt werden: Der *„mirror shot"*,[44] wobei es sich um ein Selbstporträt handelt, bei dem die eigene Reflektion im Spiegel fotografiert wird, steht in enger Verbindung zum *„one arm length shot"*,[45] also einem Selbstporträt bei dem die Kamera mit ausgestreckten Arm so weit wie möglich von einem selbst entfernt ausgelöst wird. In beiden Fällen steht die Inszenierung des eigenen Ichs und des Aussehens im Vordergrund. Sie erfüllen daher die klassischen Funktionen eines Profifotos. Anders gestaltet sich das bei dem Typus Reise-/Urlaubsbilder. Hier geht es darum, anhand von Wahrzeichen von Metropolen oder Ähnlichem zu präsentieren, wo man sich zu einem gewissen Zeitraum befunden hat. Das ursprüngliche Profilfoto wird dabei aus dem engen Kreis des Selbstporträts ‚befreit' und in ein anderes Bildgenre, zum Beispiel dem der Landschaftsfotografie überführt. Die Tatsache, dass sich Profilfotos auf diese Weise in verschiedenste Kategorien aufteilen lassen, beweist, dass der Faktor

---

[42] Vgl. Berger und Roth, a.a.O., N_{Q43}=271 Teilnehmer.
[43] Birgit Richard et al., a.a.O., S. 48-50.
[44] A.a.O., S.49.
[45] Ebd.

soziales Netzwerk einen Einfluss auf Bildinhalt und -ästhetik von Fotografien hat. Doch wodurch lässt sich das erklären?

Facebooks (welches an dieser Stelle beispielhaft auch für anderer sozialer Netzwerke stehen soll) verfügt über vielfältige Nutzer-Optionen um mit Bildern bzw. Fotografien zu hantieren. Zum Beispiel durch die Verwendung von Hashtags, bei denen vor ein Wort oder eine Zeichenkette ein Doppelkreuz ‚#' gesetzt wird. Hierbei werden Beiträge oder Fotografien mit gleichem Inhalt oder Bildsujet miteinander verbunden und bei einer Suche nach eben diesen Hashtags auffindbar gemacht. Verbreitet sich ein Hashtag durch häufige Erwähnung, so erhöhen sich die Chancen, dass die damit getaggten Beiträge oder Fotografien von vielen Nutzern gesehen, kommentiert oder geteilt werden. Zusätzlich halten sich die Fotografien bzw. Beiträge auf diese Weise ständig in ‚Bewegung'. Denn verwendet ein Facebook-Nutzer diese Like- oder Teil-Funktionen, so werden seine Freunde und Bekannte darüber informiert. Der Beitrag bzw. das Foto wird jetzt auch für andere Nutzer sichtbar. Welche Auswirkungen diese ‚virale' Verbreitung von Fotografien über Netzwerke haben kann, soll im Folgenden an zwei Beispielen deutlich gemacht werden.

Diese Bilderzirkulation führt über einen gewissen Zeitraum zu einer Entstehung von eigenen Netz-Bildästhetiken und -Bildtypen. Aus populären Originalfotografien, deren Erfolg sich durch häufiges liken oder teilen abzeichnet, entwickeln sich Vorbilder, die dann kopiert oder leicht abgeändert, gekennzeichnet durch den gleichen Hashtag, immer wieder neu gepostet und verbreitet werden. In sozialen Netzwerken ist dieses Schneeball-Prinzip als ‚picture meme' geläufig. Richard et al. führen hierfür in ihrer Untersuchung von Bildstrukturen in Sozialen Netzwerken den Begriff „Schlüsselbilder" ein.[46] In Referenz daran, aber vor allem um den Bildbegriff an dieser Stelle klarer zu definieren und dabei unter anderem *computer-generated images* und ähnliche nicht selbst erstellte Fotografien auszuschließen, wird für die folgenden Kapitel an dessen Stelle der Begriff der ‚Schlüsselfotografie' verwendet.

Durch die Flut an Fotografien, mit denen Betrachter täglich in den Medien konfrontiert werden und deren ständiger Zirkulation und wechselnden Relation zu ihrem Kontext und anderen Fotografien, ist es nur selten möglich, die Entstehung einer solchen Schlüsselfotografie nachträglich bis zu ihrem Ursprung zurückzuverfolgen. Oft weisen sie eine starke ästhetische Ausstrahlung auf und sind entlehnt aus den Unterhaltungsbereichen des TV, Films, der Werbung und Printmedien sowie des Internets.[47]

---

[46] Birgit Richard et al., a.a.O., S. 39-46.
[47] Ebd.

Eine populäre Schlüsselfotografie, deren Ursprung bekannt ist, stellt der ‚Fingerstache' (oder auch 'Finger Mustache') dar. Hierbei wird für eine Fotografie mit einem auf der Innenseite des Zeigefingers gezeichnetem Schnurrbart, der dann unterhalb der Nase platziert wird, posiert. Zurückführen lässt sich dieser Trend auf den in Columbus, Ohio arbeitenden Tattoo-Künster Giovani, der den ersten ‚Fingerstache' tätowierte, welcher dann über Fotografien im Internet verbreitet wurde und rasch Anklang und Nachahmer fand.[48] Ein weiteres Beispiel findet man unter den Hashtags #lookingdown (nach unten schauen) oder #fromwhereistand (von wo ich stehe) und Ähnliches. Fotografien, bei denen der Blickwinkel des Fotografierenden und zugleich Fotografierten in Vogelperspektive auf den Boden und die eigenen Füße gerichtet ist, dienen, aufgrund ihres hohen Anonymitäts-Faktors, auf sozialen Netzwerken häufig als Profilfotos und bzw. oder gleichzeitig als Beweis: „Ich war hier". Der russische Instagrammer und Musiker Pavel Belov ist dafür eines der prominentesten Beispiele. Er erklärt sein Fotoprojekt wie folgt:

> As a musician, I leave my trace in new places and I save this trace on Instagram. My photos and videos aren't just capturing my feet and legs, they're also about what's in the background—people, hobbies, even my microphone![49]

Genau diese ständige Inszenierung des eigenen Lebens auf sozialen Netzwerken gewinnt für viele Nutzer immer mehr an Bedeutung. Veröffentlichte Fotografien dienen vor allem dazu, anderen Nutzern zu beweisen wie aktiv, interessant, beneidenswert und trendgerecht das eigene Leben (scheinbar) ist. Dies wird durch viele der Antworten auf die Frage, warum Fotografien auf sozialen Netzwerken geteilt werden, deutlich. Unter den Gründen finden sich Aussagen wie: „Aufmerksamkeitshascherei", „Eitelkeit", „Ich bin stolz auf das Bild. Ich bin stolz auf den Inhalt. [...] Es dient der Selbstdarstellung, „weil es toll ist, gesagt zu bekommen, dass man toll ist", „Bekanntheitsgrad steigern", „um für mich selbst zu werben", „Imagebildung", „Architektur: ich nötige andere, meine Vorlieben zu bestaunen; Landschaften: Da war ich und du nicht!; Essen/Trinken: Sieh mal, wie gut es mir geht!" und Ähnliches mehr.[50]

Die Technikindustrie hat diesen Trend bemerkt und arbeitet an der Entwicklung immer neuer Gadgets und Produkte, um das Dokumentieren des eigenen Lebens in allen erdenklichen Situationen so einfach wie möglich zu machen. Einige

---

[48] Vgl. „The Real Finger Moustache Tattoo Story", midwesterngoodness, Youtube, Zugriff am 26.09.2013, http://youtu.be/vTjOQHaHPPY.
[49] „A Life Looking Down with @pasha4dust," 20.08.2013. Instagram Blog, Zugriff am 26.09.2013, http://blog.instagram.com/post/58317243247/a-life-looking-down-with-pasha4dust-russian.
[50] Vgl. Berger und Roth, a.a.O., N_{Q48}= 178 Teilnehmer.

Helmkameras ermöglichen es Extremsportlern, beispielsweise beim Skate- oder Snowboard fahren, Bungeespringen oder Parkouring, ihre Kunststücke aus der Ego-Perspektive und zugleich sich selbst bzw. ihren Gesichtsausdruck zu filmen, ohne dabei eine Kamera selbst halten zu müssen und die aufgenommenen Videos oder Fotos direkt vom Gerät per WiFi an Smartphones oder soziale Netzwerke versenden zu können. Auch *Google Glass* wird über eine Video- und Fotofunktion verfügen, die das Aufnehmen aus der Ego-Perspektive ohne das unkomfortable Halten einer Kamera ermöglicht und ein Versenden oder Upload möglich macht.[51]

Durch kontinuierliche Selbstinszenierung mit Hilfe von Fotografien, die im Bezug zum Leben oder den Interessen des Nutzers stehen, kann eine Online-Popularität errungen werden, die sich unter anderem aus virtuellen Gruppenzugehörigkeiten, ‚likes', positiven Kommentaren und hohen ‚follower'-Zahlen zusammensetzt.

Es geht bei Fotografien sozialer Netzwerke also weniger um das künstlerische Talent des Fotografen bzw. Nutzers oder dessen Fotografien an sich, als vielmehr um das durch Fotografien abgebildete virtuelle Selbstbild. An dieser Stelle unterscheiden sich soziale Netzwerke stark von Fotoplattformen, wie beispielsweise Flickr. Auch hier werden über Tagging- und Like- bzw. Favorite-Verfahren, Fotografien sichtbar, bewertbar und kommentierbar gemacht, doch steht hier die Fotografie an sich im Mittelpunkt. Über sie – und nicht durch sie – wird kommuniziert. Dass Nutzer, die auch beruflich mit Fotografie zu tun haben und somit dem Medium auf eine andere Weise gegenübertreten Fotoplattformen häufiger aktiv verwenden als Gelegenheitsfotografen wird anhand der Umfragewerte und Abbildung 5 deutlich. Flickr stellt daher ein interessantes Beispiel der Bildkommunikation und -ausstellung im Internet dar und ist deshalb in der Forschung schon mehrfach auf seine typischen Bildpraxen und Bildtypen untersucht worden.[52]

Das jüngere und speziell für Smartphone-Fotografie konfigurierte Foto-Sharing Format Instagram stellt als Hybrid-Form zwischen der Facebook-artigen Kommunikation durch Fotografien und Flickrs Kommunikation über Bilder ein weitaus interessanteres Untersuchungsfeld dar.

---

[51] Vgl. „Google Glass: what you need to know," James Rivington, TechRadar, Zugriff am 26.09.2013, http://www.techradar.com/news/video/google-glass-what-you-need-to-know-1078114.
[52] Siehe hierzu u. a. Susanne Holschbach, „Fotokritik in Permanenz. Flickr als praktische Bildwissenschaft," in *Digitale Fotografie. Kulturelle Praxen eines neuen Mediums*, hg. v. Irene Ziehe und Ulrich Hägele (Münster: Waxmann Verlag, 2009), S. 77-84. Und Stefan Meier, „'Pimp your profil' – Fotografie als Mittel visueller Imagkonstruktion im Web 2.0," *IMAGE – Zeitschrift für interdisziplinäre Bildwissenschaft* 9 (Januar 2009), S. 53-65.

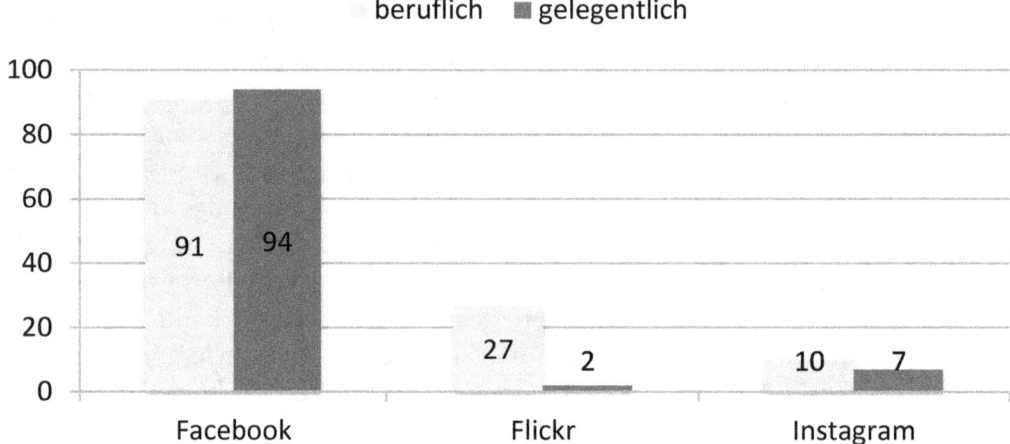

Abb. 5: Nutzerzahlen im Vergleich. (Angaben in Prozent)[53]

3.2 Ein neues Sehen durch Instagram?

Chase Jarvis, der wie bereits oben erwähnt als einer der Ausschlaggeber des iPhone-Fotografie Hypes gilt, publizierte nicht nur seine mit dem iPhone fotografierten Werke, sondern gründete zudem 2009 eine Online-Community für Smartphone-Fotografie, die bis heute mehr als eine Million aktive User verzeichnet, und ebnete somit den Weg für andere Smartphone-Communities.[54] Erst ein Jahr später, im Oktober 2010, ging Instagram, die bis heute erfolgreichste Fotoplattform speziell für Smartphones online und verzeichnet aktuell einen Stand von 100 Millionen aktiven Nutzern im Monat.[55]

Instagram bietet seinen Nutzern die Möglichkeit ein Foto aufzunehmen, einen Farb-Filter auszuwählen, um das Aussehen sowie die ‚Atmosphäre' des Bildes zu verändern und danach das fertige Foto anderen Nutzern zu präsentieren. „It's that easy", verspricht die Startseite des Portals.[56] Seine Netzwerk-Struktur ist darauf ausgelegt simple und intuitiv zu sein, um das Aufnehmen, Bearbeiten, Teilen, Betrachten und Werten von Fotografien mit möglichst wenig Zeitaufwand oder Anstrengung vonstattengehen zu lassen. Dabei ist es im Gegensatz zu anderen Foto-

---

[53] Vgl. Berger und Roth, a.a.O., N_{Q48}= 178 Teilnehmer ($N_{beruflich}$=33 , $N_{gelegentlich}$=148).
[54] Vgl. „The Best Camera is the one That's With You," The Best Camera, Zugriff am 26.9.2013, http://thebestcamera.com.
[55] Vgl. „Instagram Today: 100 Millionen People," Kevin Systrom, Instagram Blog, Februar 2013, Zugriff am 26.09.2013, http://blog.instagram.com/post/44078783561/100-million.
[56] Vgl. „Lerne Instagram kennen", Instagram, Zugriff am 26.09.2013, http://instagram.com.

plattformen keine „Photography Company" erklärt CEO K. Systrom: „It's about communicating a moment. It just so happens that that message happens to be an image."[57] Auch wenn dies Facebooks Bildpraxis ähnlich klingt, gibt es zwischen den beiden Plattformen einen wesentlichen Unterschied. Es geht nicht nur darum einen Einblick in das Leben eines anderen Nutzers zu gewinnen, sondern durch seine Augen zu sehen:

> Viewed through a social-network lens, if [...] Facebook [is] a view into [a] person's world from a social one, then Instagram is the next frontier: the closest thing to participating in someone else's physical experience, visually.[58]

Der Name „Instagram" („instant" englisch für „sofort" oder „augenblicklich"), bedeutet daher, dass in der Theorie die Smartphone-Kamera des Nutzers und Instagrams Bildarchiv zu einem ausgelagerten Seh- und Wahrnehmungsapparat für andere Nutzer wird, um das Gesehene sofort anderen Menschen sichtbar machen zu können.[59] Dabei wird nicht versucht ein ästhetisch und möglicherweise künstlerisch ansprechendes Foto mit anderen zu teilen (Flickr) oder sich selbst mithilfe von Bildern zu inszenieren (Facebook), sondern die eigene Wahrnehmung, den ganz persönlichen Blick auf zumeist alltägliche Dinge auf andere Nutzer zu übertragen. Die Like- und Kommentar-Funktion erlaubt dann wiederum *instant* Feedback zu den veröffentlichten Fotografien.

Es stellt sich also die Frage, ob sich durch Instagram unser Sehen verändert, wenn wir in Zukunft unseren Alltag nur noch im Fokus einer Smartphone-Kamera betrachten und für andere Personen festhalten und aufbereiten. iPhone-Fotokünstler Michael Schulz sagt:

> [...] durch Instagram entsteht eine neue Bildästhetik des Unmittelbaren, Alltäglichen – ich klammere jetzt 'Fake-Polaroid-Filter' und Co. bewusst aus, sondern spreche von den unendlich vielen Instagramern, die einen eigenen Stil entwickelt haben [...]

Das Unmittelbare und Alltägliche als Bildmotiv hat aber nicht erst durch die allzeitige Präsenz von Smartphone-Kameras oder das Aufkommen von Instagram Einzug in die Fotografie gefunden, denkt man beispielsweise an beliebte Motive des Neuen Sehens der frühen 1920er Jahre und weiterführend auch in der zweiten

---

[57] Vgl. Nick Statt, a.a.O.
[58] Nick Statt, a.a.O.
[59] In der Praxis gestaltet sich dies z. T. anders. Auch bei Instagram findet man z. B. facebookartige Selbstinszenierungen, Schlüsselfotografien, Party- und Urlaubsfotos, etc. Auch Fotografien die nicht mit einer Smartphone-Kamera aufgenommen wurden, werden zunehmend auf Instagram veröffentlich.

Hälfte der 20er Jahre durch die Neue Sachlichkeit. Bevorzugt stand jetzt nicht mehr ein „dokumentarisches Abbilddungsinteresse" im Vordergrund, sondern „die Fotografiefähigkeit der Dinge" und ihrer „Eignung für eine fotografisch interessante Gestaltung".[60]

Laszlo Moholy-Nagy, Vertreter des Neuen Sehens und Lehrer im Umfeld des Bauhauses, forderte bereits damals, dass in Bezug auf die Fotografie „die Freude am Experiment geweckt werden solle, auch die Freude am Experiment des unvoreingenommenen Schauens."[61] Ähnlich wie bei Instagrams Ansatz ist hier mit „unvoreingenommenes Schauen" vor allem die fotooptische Wahrnehmung alltäglicher Dinge durch das Erweitern des menschlichen Sehens mithilfe einer Kamera gemeint. Durch Nagys Tätigkeit als Lehrer am Bauhaus findet man diese Forderung vor allem durch bevorzugte extremen Perspektiven, Unteransichten und Vogelperspektiven, vertikale und horizontal geometrisch verlaufende Linien und symmetrische Kompositionen in der Fotografie am Bauhaus umgesetzt.

Diese ästhetischen Gestaltungskriterien finden sich in der populären Instagram Architekturfotografie wieder. Ausschlaggebend dafür mag vermutlich das von Instagram vorgebende quadratische Bildformat sowie die Funktion Fotos nach Erstellung zu rotieren und dabei horizontal auszurichten sein. Auch andere alltägliche Bildmotive Instagrams scheinen sich nicht erheblich von bereits existierender Genrefotografie zu unterscheiden und weisen kaum Neuerungen in Komposition oder Gestaltung auf. Das Spiel mit Licht und Schatten, starke Verwendung von Kontrasten und Unschärfe, sowie „Rhythmus und Flächengliederung"[62] oder Strukturfotografie findet man Fotografen des Neuen Sehens (Abb. 6-9) als auch bei populären Instagramern (Abb. 10-12)

---

[60] Rainer K. Wick, „Mythos Bauhaus-Fotografie," in *Das Neue Sehen. Von der Fotografie am Bauhaus zur Subjektiven Fotografie*, hg. v. Rainer K. Wick (München: Klinkhardt & Biermann, 1991), S. 20.
[61] Rainer K. Wick, a.a.O., S. 22.
[62] Gerhard Glüher, „Die Fotografie am Bauhaus. Zwischen akademischer Konvention und ästhetischem Experiment," in *Das Neue Sehen. Von der Fotografie am Bauhaus zur Subjektiven Fotografie*, hg. v. Rainer K. Wick (München: Klinkhardt & Biermann, 1991), S. 57.

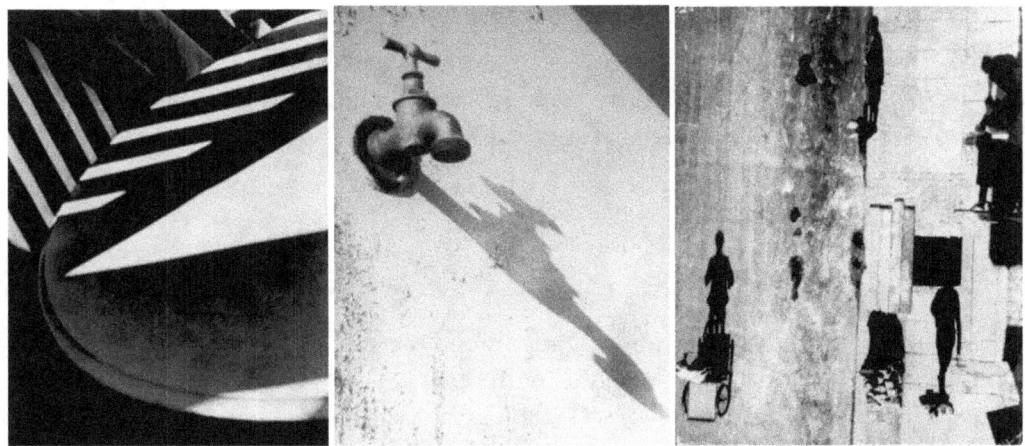
Abbildung 6-8: Fotografie am Bauhaus und Neues Sehen[63]

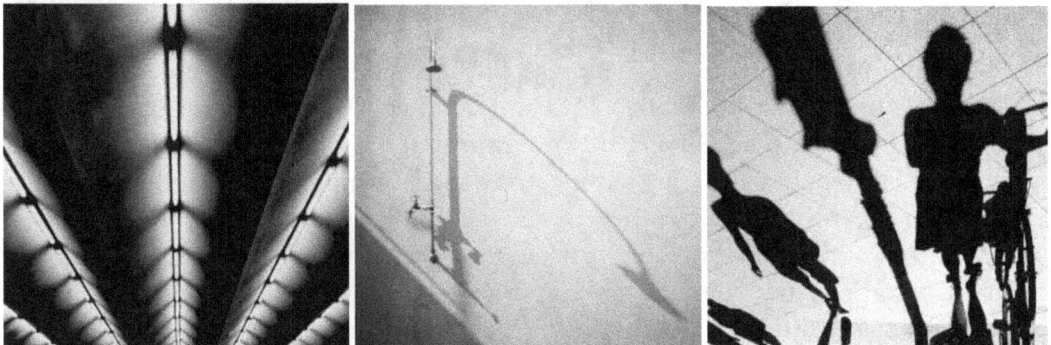
Abbildung 9-11: Genrefotografie auf Instagram[64]

Bei Instagrams Konzept handelt es sich also nicht um ein *neues* „Neues Sehen" in Bezug auf Bildmotive und Bildästhetik aber wohlmöglich um ein Aufleben der fotografischen Experimentierfreude und die Etablierung des Neuen Sehens in der online Amateurfotografie-Community.

Doch zugleich führt Instagram die fotooptische Wahrnehmung auf ein neues Level, welches sich nicht durch neue Bildinhalte, aber ein neues Fotografieverhalten ausdrückt. Die Welt und den Alltag ausschließlich durch eine Fotokamera

---

[63] Abb. 6: Werner David Feist, „Leben der toten Augen (Wasserkran)", Bauhaus Dessau, 1929. Abb. 7: Paul Strand, „Porch Shadow/Abstraction", 1916/17. Abb. 8: Otto Umbehr, „Unheimliche Straße I.", 1928. In Rainer K. Wick: *Das Neue Sehen. Von der Fotografie am Bauhaus zur Subjektiven Fotografie. München* (München: Klinkhardt & Bierman, 1991), S. 21, 41 und 17.

[64] Abb. 9: lindaberlin, „#berlin #alexanderplatz", Zugriff am 26.09.2013, http://instagram.com/p/dXHQJcu4yR/. Abb. 10: berlinstagram, „#prague", Zugriff am 26.09.2013, http://instagram.com/p/eNk7w5gUe7/. Abb. 11: lindaberlin, „#berlin", Zugriff am 26.09.2013, http://instagram.com/p/bjau4ku44o/.

wahrzunehmen und nahezu zeitgleich online zu präsentieren, hat ein starkes Suchtpotenzial. In einem Interview berichtet der auf Instagram populäre Fotograf Dirk Dallas davon, wie stark der Drang werden kann, jeden fotowürdigen Moment öffentlich zuteilen und dass man darüber hinaus oftmals vergisst, den Moment an sich zu genießen.[65]

4. Fazit

Die Frage, ob sich die Bildverwendung digitaler Fotografie von der analogen Fotografie unterscheidet und ob neue Aufnahmegeräte in Form von Smartphone-Kameras, Helm-Kameras und *Google Glass*, sowie soziale Netzwerke und Fotoplattformen als neue Verbreitungs- und Ausstellungsmöglichkeiten eine neue Bildästhetik und Bildtypen hervorgebracht hat, lässt sich an dieser Stelle zumindest unter Vorbehalt mit Ja beantworten.

Dabei hat nicht nur die Umstellung von analog auf digital, sondern auch die Einführung von multifunktionalen und interaktiven Aufnahmemedien der Fotografie eine große Rolle gespielt. Fotografische Apparaturen wurden kostengünstiger, funktioneller und bedienungsfreundlicher und das Medium der Fotografie durch die Möglichkeit sie nur wenige Augenblicke nach der Erstellung zu verbreiten bzw. zu veröffentlichen zu einem Live-Medium. Gerade im Web 2.0 erfüllt Fotografie daher in immer weniger Fällen eine Erinnerungsfunktion. Die Verwendung als Mittel der bildbasierten Kommunikation nimmt bedeutend zu, wodurch es zu einer Anhäufung von „take-once and view-once" Fotos kommt.[66]

Die Nutzung von digitalen und vor allem Smartphone-Fotografien als „Notizzettel", zum Beispiel durch das Abfotografieren von Dienstplänen und Infoschildern, stellt eine neue Bildverwendung dar, welche es bei analoger Fotografie in jener Form nicht gab. Auch die schnelle Ausbreitung von picture memes bzw. Schlüsselfotografien, gefördert durch die Netzwerk-Strukuren von Fotoplattformen und sozialen Netzwerken, ist ein Phänomen der digitalen bzw. Netz-Fotografie.

Und letztendlich führt das Bedürfnis jeden scheinbar fotowürdigen Moment mit anderen Menschen teilen zu müssen, um sich selbst auf sozialen Netzwerken und Fotoplattformen zu verorten, zu einer neuen verstärkt visuellen Wahrnehmung des Alltages und einer möglichen ‚Abhängigkeit' von Fotografie und dessen präsentieren – vom instgrammen.

---

[65] Vgl. Nick Statt, a.a.O
[66] Nick Statt, a.a.O.

Literatur

Barth, Manuela. "Die Stunde der Amateure. Zum Amateurbegriff im Prozess der Digitalisierung der Fotografie." In: *Digitale Fotografie. Kulturelle Praxen eines neuen Mediums*, herausgegeben von Irene Ziehe und Ulrich Hägele, S.85-101. Münster: Waxmann Verlag, 2009.

Barthes, Roland. „Die Fotografie als Botschaft." In: *Der entgegenkommende und der stumpfe Sinn. Kritische Essays III*, herausgegeben von Roland Barthes, S. 11-27. Frankfurt/Main: Suhrkamp, 1990.

Benjamin, Walter. *Das Kunstwerk im Zeitalter seiner technischen Reproduzierbarkeit*, Gesammelte Schriften Band I. Frankfurt am Main: Suhrkamp, 1980.

Berger, Julia und Henriette Roth. *Umfrage zum Umgang mit analoger und digitaler Fotografie*, surveymonkey.net, Juli-August 2013. Link zur vollständigen Umfrage: http://resolver.sub.uni-goettingen.de/purl/?webdoc-3902

Birgit Richard, Jan Grünwald, Marcus Recht, Nina Metz. *Flickernde Jugend – Rauschende Bilder, Netzkulturen im Web 2.0*. Frankfurt am Main: Campus, 2010.

BITKOM. „Digitalkameras trotzen den Handy-Alleskönnern. Presseinformation." BITKOM - der Hightech Verband. 20.03.2012, Berlin. Zugriff am 26.09.2013. http://www.bitkom.org/files/documents/BITKOM_Presseinfo_Markt_fuer_Digitalkameras_20_03_2012.pdf.

Brüning, Jan. „Das Drama auf der Hinterbühne. Pressefotografen und die Digitalisierung der Pressefotografie. Autenzität digitaler Fotos." In: *Digitale Fotografie. Kulturelle Praxen eines neuen Mediums*, herausgegeben von Irene Ziehe und Ulrich Hägele, S.57-73. Münster: Waxmann Verlag, 2009.

Huber, Matthias und Jana Stegemann: „Whatsapp lernt sprechen." Süddeutsche.de, 08.08.2013, Zugriff am 26.09.2013. http://www.sueddeutsche.de/digital/messaging-dienste-whatsapp-lernt-sprechen-1.1741695.

Instagram Blog. „A Life Looking Down with @pasha4dust." Instagram. 20.08.2013. Zugriff am 26.09.2013. http://blog.instagram.com/post/58317243247/a-life-looking-down-with-pasha4dust-russian.

Jarvis, Chase. *The Best Camera Is The One That's With You: iPhone Photography by Chase Jarvis (Voices That Matter)*. Berkeley: New Riders, 2009.

Lessig, Lawrence. *The Future of Ideas. The Fate of the Commons in a Connected World*. New York: Vintage 2001.

Meier, Stefan. „Die Simulation von Fotografie. Konzeptuelle Überlagerung zum Zusammenhang von Materialität und digitaler Bildlichkeit." In: *Materialität und Bildlichkeit. Visuelle Artefakte zwischen Aisthesis und Semiosis,* herausgegeben von Marcel Finke und Mark A. Halawa, S. 126-147. Berlin: Kulturverlag Kadmos, 2012.

Mitchell, William John Thomas. „Realismus im Digitalen Bild." In: *Bilderfragen. Die Bildwissenschaften im Aufbruch,* herausgegeben von Hans Belting, S. 237-255. München: Fink, 2007.

Mohr, Fabian. „iPhone-Fotografie. Instagram wird die Fotografie nicht auslöschen." Zeit Online 03.05.2013. Zugriff am 26.09.2013. http://www.zeit.de/kultur/kunst/2013-04/fotografie-smartphone-iphone.

Riviére, Carole. „Mobile Camera Phones: A New Form of ‚Being Together' in Daily Interpersonal Communication." In: *Mobile Communications. Renegotiation of the Social Sphere,* herausgegeben von Rich Ling und Per E. Pedersen, S. 167-184. London: Springer, 2005.

Rivington, James: „Google Glass: what you need to know." TechRadar. 08.08.2013, Zugriff am 26.09.2013. http://www.techradar.com/news/video/google-glass-what-you-need-to-know-1078114.

Schaaf, Larry J. *Henry Fox Talbot's The Pencil of Nature,* Anniversary Facsimile (New York: Hans P. Kraus, Jr. Inc., 1844).

Statt, Nick. „What Instagram Taught A Photographer About Life. We're dying to share every moment. We should be living instead." Instagram Blog, 13.06.2013. Zugriff am 26.09.2013. http://readwrite.com/2013/06/13/instagram-dirk-dallas-shareable-moment#awesm=~ofJptirVjOiOdz.

Systrom, Kevin. „Instagram Today: 100 Millionen People." Instagram Blog, Februar 2013. Zugriff am 26.09.2013. http://blog.instagram.com/post/44078783561/100-million.

„The Real Finger Moustache Tattoo Story." midwesterngoodness. YouTube. Zugriff am 26.09.2013. http://youtu.be/vTjOQHaHPPY.

Weiss, Maurice. „Sind Smartphone eine Gefahr für anspruchsvolle Fotografie?" Zeit Online, 10.05.2013. Zugriff am 26.09.2013. http://www.zeit.de/video/2013-05/2343726146001/.

Wick, Rainer K. „Mythos Bauhaus-Fotografie." In *Das Neue Sehen. Von der Fotografie am Bauhaus zur Subjektiven Fotografie*, herausgegeben von Reiner K. Wick, S. 9-33. München: Klinkhardt & Biermann, 1991.

IV. Bildmarkt: Handel und Veränderung

Digitaler Wandel im Kunsthandel?

Simone Anna Blumenthal

„Business Art is the step that comes after Art."[1]
Andy Warhol

Mit diesem Zitat versuchte Andy Warhol im Jahr 1968 den Kunstmarkt selbst als Teil der Kunst zu deklarieren. Nicht nur Kunst zu produzieren, sondern diese auch auf dem Markt für rentable Preise zu verkaufen, habe für ihn etwas künstlerisches. Seit 1986, als Andy Warhol den Kunsthandel auf diese Weise charakterisierte, hat sich der Kunstmarkt deutlich verändert. Nicht nur die technologisch geprägten Märkte unterliegen globalen Veränderungen, auch der Kunstmarkt kann sich neuen Entwicklungen nicht entziehen.

Spielte sich in der Vergangenheit vieles was den Kunsthandel betraf im Verborgenen ab, so dass nur ein kleiner, eingeweihter Kreis von Händlern und Kunden verstand, wie Kunst gehandelt wurde und wie Preise zustande kamen, werden heute Kunstereignisse in der Öffentlichkeit diskutiert. Regelmäßige Pressemitteilungen und Publikationen berichten von Highlights des Kunstmarktgeschehens, informieren über Trends, erläutern Hintergründe und analysieren die Hauptakteure. Häufig stehen in den Pressemitteilungen die Auktionshäuser im

---

[1] Andy Warhol, *The Philiosophy of Andy Warhol: from A to B and back again* (New York: Verlag, 1977), S. 92.

Mittelpunkt, die durch das Erzielen von Rekordpreisen auf sich aufmerksam machen, während die Aktivitäten von Händlern,[2] Sammlern, Museen oder privaten Kunstvermittlern nur am Rande dokumentiert werden.[3]

Am 15.07.2013 titelt die FAZ: „Die digitale Wende erreicht die Kunst".[4] Damit bezieht sich die Journalistin Swantje Karich auf die Rekordversteigerung[5] des Aquarells *"Liegende Frau"* von Egon Schiele durch das 2012 gegründete Online-Auktionshaus Auctionata.

Dieser außergewöhnliche Erfolg eines noch nicht etablierten Markteilnehmers wirft die Frage auf, ob sich der Kunstmarkt, insbesondere das Kunstauktionswesen, durch die voranschreitende Digitalisierung verändert hat. Durch eine genaue Analyse der Verkaufsmethoden des Online-Auktionshauses, sowie der Vergleich zu traditionell handelnden Häusern wird der Versuch unternommen, die Veränderungen durch Digitalisierung aufzuzeigen und mögliche Vor- und Nachteile darzulegen.

Im Folgenden soll versucht werden zu erläutern, ob durch die Gründung eines Online-Auktionshauses wie Auctionata eine Öffnung, vielleicht sogar eine „Demokratisierung" des Marktes stattfinden könnte. Fraglich ist ferner, ob diese Veränderung bewirkt, dass sich der als traditionell geltende Kunsthandel auf dem Zenit seiner Zeit befindet und sich "neuen Märkten" im Internet zuwenden muss, oder ob es den marktführenden Globalplayern wie Sotheby's und Christie's gelingt, trotz einer voranschreitenden Digitalisierung ihr traditionelles Verkaufsmodell beizubehalten.

1. Der Kunstmarkt – eine Analyse

1.1 Die Mikroökonomie des Kunstmarktes

Um den Kunstmarkt verstehen zu können, müssen zunächst seine Besonderheiten beachtet werden. Häufig wird behauptet, Kunst bewege sich außerhalb jeglichen

---

[2] Aus Gründen der Vereinfachung wird ausschließlich die männliche Form verwendet. Personen weiblichen, wie männlichen Geschlechts sind darin gleichermaßen eingeschlossen.

[3] Peter Watson, *Sotheby's, Christie's, Castelli & Co. Der Aufstieg des internationalen Kunstmarkts* (Düsseldorf, Wien, New York: Verlag, 1993), S. 20.

[4] Swantje Karich, „Die digitale Wende erreicht die Kunst," in *Frankfurter Allgemeine Zeitung* , Zugriff am 29.08.2013, http://www.faz.net/aktuell/feuilleton/kunstmarkt/auktionen/online-auktionshaus-auctionata-die-digitale-wende-erreicht-die-kunst-12280263.html.

[5] Das Aquarell *"Liegende Frau"* von Egon Schiele wurde am 23.06.2013 für einen Startpreis von 1.000.00,00€ bei Auctionata angeboten und für 1.827.250,00€ inklusive Käufergeld versteigert.

ökonomischen Kalküls und sei für materielle Überlegungen nicht geeignet, jedoch müssen aus ökonomischer Sicht zwei wesentliche Aspekte berücksichtigt werden. Kunst unterliegt der Knappheit, weil die Verfügbarkeit ökonomischer Ressourcen begrenzt ist und sie unterliegt einer individuellen Nachfrage, die Folge einer subjektiven Bewertung der Käufer ist.[6] Kunsthändler bilden zusammen mit den Künstlern den Primärmarkt für Kunst. Gegenüber seinen Kunden muss der Kunsthändler bestimmte Serviceleistungen anbieten. Darunter fällt insbesondere eine Garantieübernahme über Herkunft und Echtheit des Werkes. Durch diese Garantieübernahme kann zukünftig ein Vertrauensverhältnis entstehen, weil auf Seite der Konsumenten eine Qualitätsunsicherheit besteht.[7]

Der Markt wird unter anderem durch Präferenzen der Käuferschaft gegenüber den Anbietern bestimmt. Es herrscht insofern eine Markttransparenz, dadurch, dass der Anbieter die Nachfrage für das von ihm angebotene Gut kennt, die Käuferschaft jedoch nur unvollständige Informationen über die am Markt zustande kommenden Preise beziehungsweise die angebotenen Kunstwerke haben. Der Anbieter wird folglich versuchen, mittels Preispolitik oder anderer absatzpolitischer Instrumente die Präferenzen der Käuferschaft für sein Angebot zu erhöhen.

Der einseitige Spielraum hängt vor allem davon ab, ob und wie intensiv ein Kunsthändler seine Kunden an sich zu binden versteht. Durch gute und gezielte Kundeninformation kann ein derartiger Erfolg gelingen, wobei eine gezielte Markttransparenz erreicht werden kann. Marktintransparenz impliziert in diesem Zusammenhang eine langsame Anpassung an Informationen: Je höher die Marktintransparenz ist, desto länger dauert es, bis ein Käufer auf Veränderungen reagiert.[8] Zusammenfassend lässt sich somit feststellen, dass zahlreiche Umstände wie Singularität der Güter und geringe Substituierbarkeit bei großer Anpassungsreaktion bei den Kunden einen monopolistischen Preisspielraum beim Kunsthandel ermöglichen.[9]

Grundsätzlich gelten, abgesehen von Problemen bezüglich des Fernabsatzrechts, auch für Online-Versteigerungen dieselben Prinzipien, wie für konventionelle Kunstversteigerungen. Die Gründung und erfolgreiche Etablierung

---

[6] Werner Pommerehne und Bruno Frey, *Ansätze einer Ökonomik der Kunst* (München: Vahlen, 1993), S. 7.

[7] Vgl. Peter Oberender und Peter Zerth, „Eine Einführung in die Mikroökonomie der Kunst unter Berücksichtigung der wachsenden Beudeutung von Informationsmärkten," in *Art-Investor – Handbuch für Kunst und Investment,* hg. v.: Lothar Pues, Edgar Quadt und Rissa (München: FinanzBuch Verlag, 2002), S. 69f.

[8] Ebd.

[9] Ebd.

Auctionatas, sofern man von einer Etablierung nach weniger als zwei Jahren Geschäftstätigkeit sprechen kann, ändert zunächst nichts an der allgemein geltenden Mikroökonomie des Kunstmarktes.

1.2 Die Bedeutung der traditionellen Auktionshäuser

Die Entwicklung des modernen Auktionshandels ist geprägt durch ständige Konkurrenz und Expansion. Dass sich einzelne Häuser als Marktführer etablieren konnten, liegt an verschiedenen wirtschaftlichen Ausgangssituationen, vor allem aber auch an rechtlichen Vorgaben der einzelnen Staaten.[10]

Mit dem modernen Auktionshandel setzte die Tendenz ein, dass sich die großen Auktionshäuser und wichtigen Galerien mit ihren Filialen überall auf der Welt ausgebreitet haben.[11] Auch der Kunstmarkt wurde von dem Globalisierungstrend erfasst. Die Ursprünge des Auktionshandels liegen historisch gesehen im alten Ägypten, seit dieser Zeit sind Auktionen als Verkaufsmodell bekannt.[12] Der Anfang des zeitgenössischen Auktionswesens lässt sich nicht auf einen genauen Zeitpunkt festlegen. Auch ein konkreter Ort des Beginns lässt sich nicht nachweisen, vielmehr lässt sich feststellen, dass zu den Handelsmetropolen bereits zu einem frühen Zeitpunkt London, Paris und Amsterdam gehörten.[13]

Die beiden größten Auktionshäuser Sotheby's und Christie's stehen exemplarisch für die Entwicklung des modernen Auktionshandels. Ihre Geschäftspraktiken, ihre Kataloge, ihre Auktionen und vieles mehr prägten die moderne Auktionswelt unverwechselbar.[14] Die heutige Aktiengesellschaft Christie's wurde 1766 in London gegründet; wobei hier das Datum der ersten Auktion als Gründungsdatum festgelegt wurde. Die Wurzeln von Sotheby's, ebenfalls heute eine Aktiengesellschaft, liegen auch in London. 1733 mit einem Buchgeschäft begonnen, hielt Samuel Baker 1744 die erste Versteigerung ab.[15]

---

[10] Friederike Sophie Drinkuth, *Der moderne Auktionshandel. Die Kunstwissenschaft und das Geschäft mit der Kunst* (Diss. Phil. Bonn Bonn: BöhlauVerlag, 2003), S. 11.

[11] Christian Herchenröder, „Der Kunstmarkt im 20. Jahrhundert," in *Weltkunst. 70. Jahrgang. Nr. 10. September 2000*, (München: Kunstverlag, 2000), S. 1684ff.

[12] Ausführungen zu den Anfängen des Auktionshandels finden sich bei: Kurt Mühsam: *Die Kunstauktionen.* (Berlin: Verlag für Kunstwissenschaft, 1923), S. 7-47.

[13] Michael North und David Ormrod, *Arts Markets in Europe, 1400 – 1900*, hg. v. Michael North (Ashagte: Ashgate Publishing Limited, 1998), S. 43.

[14] Friederike Sophie Drinkuth, *Der moderne Auktionshandel. Die Kunstwissenschaft und das Geschäft mit der Kunst* (Diss. Phil. Bonn Bonn: Böhlau Verlag 2003), S. 14.

[15] Ebd.

Ein wichtiger Schritt für die gesonderte Position der Auktionshäuser Sotheby's und Christie's ist, neben einer globalen Expansion, auch ihre Wahrnehmung in der Öffentlichkeit. Beide erkannten früh den ökonomischen Wert von Präsenz in der Presse.[16] 1957 versteigerte Sotheby's verschiedene französische Impressionisten und Postimpressionisten einer hochwertigen Privatsammlung. Das besondere an dieser Auktion war, dass man eigens eine Firma engagierte, die ausschließlich für die Werbung dieser Auktion zuständig war.[17] Christie's reagierte folgerichtig und engagierte von nun an ebenfalls ein PR-Unternehmen..[18] 1958 gelang Sotheby's ein weiterer wichtiger Schritt: Durch den ersten farbigen Katalog[19] und eine Live-Übertragung im Fernsehen hatte Sotheby's mit dieser Auktion bereits für ein Novum gesorgt. Die eigentliche Innovation, insbesondere in Hinblick auf die Weiterentwicklung der Versteigerungspraxis war allerdings, dass bei dieser Versteigerung ein erster bilateraler Käuferkontakt bestand.[20] Die Käufer konnten live per Telefon, sowohl von London als auch von New York aus gegeneinander bieten.

Seit den 1970er Jahren bemühen sich beide Konkurrenten sowohl den privaten Sammler als auch den Kunstinteressenten anzusprechen, sodass die Kataloge von nun an immer farbig gedruckt wurden, ausführlicher, präziser und vor allem mit zahlreichen Abbildungen ausgestattet wurden, sodass sich die Interessenten einen authentischen Eindruck vom Angebot verschaffen konnten, ohne notwendigerweise die Objekte vor Ort begutachten zu müssen.[21]

Die beiden Global Player Sotheby's und Christie's haben sich inzwischen weitestgehend aus dem deutschen Markt zurückgezogen. Sotheby's hat im Herbst 1999 die letzte Auktion in seiner Münchener Filiale durchgeführt. Versuche beider Häuser, Anfang der 90er Jahre Auktionen in Berlin durchzuführen, haben nicht den gewünschten Erfolg erzielt, sodass inzwischen in Europa ausschließlich in London versteigert wird.[22]

---

[16] Drinkuth, a.a.O., S. 19.

[17] Frank Herrman, *Sotheby's – Portrait of an Auction House* (London: WW Norton & Co., 1980), S. 352f.

[18] John Herbert, *Inside Christie's*, (New York: St. Martins Pr., 1990), S. 16-17.

[19] Einen Auktionskatalog, dessen Abbildungen komplett in Farbe gedruckt waren hatte es bis zu diesem Zeitpunkt nicht gegeben. Vgl. John Herbert, a.a.O., S. 19.

[20] Christian Herchenröder, *Die neuen Kunstmärkte. Analyse, Bilanz, Ausblick,* (Düsseldorf: Verlag Wirtschaft und Finanzen, 1990), S. 242.

[21] Markus Eisenbeis, „Die Zukunft des Auktionsmarktes," in *Art-Investor – Handbuch für Kunst und Investment,* hg. v.: Lothar Pues, Edgar Quadt und Rissa (München: FinanzBuch Verlag, 2002), S . 370.

[22] Friederike Sophie Drinkuth, *Der moderne Auktionshandel. Die Kunstwissenschaft und das Geschäft mit der Kunst* (Diss. Phil. Bonn, Bonn: Böhlau Verlag, 2003), S. 30.

Zwar sind dem Laien häufig nur die beiden Namen der größten Auktionshäuser bekannt, doch außer diesen beiden wird in Europa und insbesondere in Deutschland[23] auch durch andere Auktionshäuser Kunst verkauft. Das Dorotheum in Wien ist ein Marktführer im unteren Marktsegment und spezialisierte sich auf bildende Kunst, Jugendstil, Silber, Möbel, Briefmarken, Münzen oder Automobile.[24] Die größten deutschen Auktionshäuser wie die Villa Grisebach in Berlin, Ketter in München, Lempertz und van Ham in Köln sowie Hauswedell in Hamburg sind dagegen in Deutschland stark auf den Bereich der bildenden Kunst fokussiert. Mit den Werken deutschsprachiger Künstler lassen sich hierzulande rentable Preise erzielen.

2000 setzte Sotheby's auf die Kooperation mit dem Internethändler amazon.com und einem Investment von 25 Millionen US Dollar: So wurde sothebys.com gegründet. Im Januar 2000 ging die Internetseite online und bot 2000 vertraglich gebundenen Händlern die Möglichkeit, in Onlineauktionen ihre Objekte anzubieten.[25] Sotheby's bot auch eigene Objekte an, in der Hoffnung zukünftig das untere und mittlere Preissegment ausschließlich online zu verkaufen und dadurch teure Katalogproduktionen zu reduzieren.[26] Diese Möglichkeit der Expansion misslang.[27]

1.3 Auctionata, das Online-Auktionshaus

Unter dem Motto „So versteigert man heute" wurde Auctionata 2012 von Alexander Zacke und Georg Untersalmberger mit Kapital der Verlagsgruppe Georg von Holtzbrinck und der Otto Group gegründet.[28] Auktion wird im Allgemeinen definiert als organisierte Marktveranstaltung, also eine zu einer be-

---

[23] Als erfolgreichste deutsche Auktionshäuser sind unter anderem Lempertz, Nagel, Villa Grisebach, Ketterer, Van Ham sowie Wedell & Nolte zu nennen. Die Umsätze der einzelnen Häuser 2004: Lempertz (Köln) 35 Millionen Euro, Nagel (Stuttgart) 27 Millionen, Villa Grisebach (Berlin) 26,6 Millionen, Ketterer (München) 13,4 Millionen, Van Ham (Köln) 10 Millionen, Hauswedell & Nolte (Hamburg) 9 Millionen (vgl. Peter Dittmar, „Auktionshäuser steigern Umsatz – Führende deutsche Kunstversteigerer bilanzieren das Geschäftsjahr 2004," in *Die Welt* Band, Nr. X (2005), Zugriff am 29.08.2013, http://www.welt.de/print-wams/article122766/Auktionshaeuser-steigern-Umsatz.html.

[24] Rüdiger Wenz, „Auktionshäuser: Welchem man warum den Zuschlag erteilt," in *Art-Investor – Handbuch für Kunst und Investment*, hg. v.: Lothar Pues, Edgar Quadt und Rissa (München: FinanzBuchVerlag, 2002), S. 118-223.

[25] Markus Eisenbeis, „Die Zukunft des Auktionsmarktes," in *Art-Investor – Handbuch für Kunst und Investment*, hg. v. Lothar Pues, Edgar Quadt und Rissa (München: FinanzBuchVerlag 2002), S. 373.

[26] Ebd.

[27] Ende 2000 standen einem Investment von circa $ 90 Million, ein Umsatz von circa $ 45 Millionen gegenüber. Vgl. Markus Eisenbeis: a.a.O., S. 374.

[28] Vgl. Auctionata, Zugriff am 29.08.2013, www.auctionata.com.

stimmten Zeit an einem bestimmten Ort stattfindende Veranstaltung, auf der eine große Anzahl von Interessenten durch Abgabe von Preisgeboten offen um die von Anbietern, die ihre Waren beim Auktionshaus eingeliefert haben und auf der Versteigerung durch den Auktionator vertreten werden, offerierten Waren konkurrieren.[29] Hierbei stellt sich die Frage, ob sich Auctionata von den traditionell handelnden Konkurrenten also nur dadurch unterscheidet, dass die Bieter nicht mehr an einen konkreten Ort angereist kommen müssen, um ein Kunstwerk zu erwerben, oder gibt es tatsächlich mehrere Divergenzen, die durch eine digitalisierte Verkaufsform entstehen?

Auctionata betreibt nach eigenen Angaben ein Experten-Netzwerk von mehr als 200 Experten aus über 40 Ländern, das Kunstgegenstände schätzt, authentifiziert und kuratiert. Seit dem Start des Schätzdienstes im Februar 2012 wurden mehr als 10.000 Kunstgegenstände bewertet und auf ihre Echtheit überprüft.[30] Sowohl Käufer als auch Verkäufer bezahlen einen Anteil in Höhe von 23, 8 % des erzielten Preises: Der Käufer zahlt diesen Anteil als Aufschlag auf den Hammerpreis, der Verkäufer zahlt einen Abschlag des erzielten Preises. Damit ist Auctionata in einer vergleichbaren Preisklasse wie traditionelle Auktionshäuser.[31]

Im September 2012 ging bereits der Onlineshop Auctionata online; im Dezember fand schließlich die erste Online-Auktion statt, die per Live-Stream im Internet übertragen wurde und einen Gesamtumsatz von 345.000 Euro erzielte.[32] Einen Online-Auktionsrekord stellte Auctionata mit der Versteigerung des Aquarells „*Liegende Frau*" von Egon Schiele auf, welches für 1,827 Millionen Euro versteigert werden konnte.

Diese Fakten allein weisen noch keinen gravierenden Unterschied zu anderen Auktionshäusern auf. Die unternehmensinternen Strukturen der beiden Marktriesen und dem Onlineauktionshaus sind ähnlich aufgebaut. Einzelne Abteilungen und Experten für die jeweiligen zu versteigernden Exponate sind im modernen Auktionshandel allgegenwärtig. Auch Sotheby's und Christie's erzielen regelmäßig Verkaufsrekorde, teilweise mit weitaus höheren Summen.

Das Prinzip von Online-Auktionen sind spätestens seit dem populären Anbieter eBay geläufig und stellen tendenziell keine erwähnenswerte Neuerung mehr

---

[29] Vgl. Peter Baumeister, *Die Auktion. Zur Preisbildung für Seltenheitsgüter im Versteigerungsgewerbe* (Diss. Phil. Mannheim: Mannheim,1974), S. 6 f.
[30] Vgl. Auctionata, Zugriff am 29.08.2013, www.auctionata.com.
[31] Vgl. bezüglich der Kosten von Christie's: Christie's, Zugriff am 29.8.2013, http://www.christies.com/features/guides/buying-guide/related-information/buyers-premium.
[32] Swantje Karich, „Die digitale Wende erreicht die Kunst," in *Frankfurter Allgemeine Zeitung* 15.07.2013, Zugriff am 29.08.2013, http://www.faz.net/aktuell/feuilleton/kunstmarkt/auktionen/online-auktionshaus-auctionata-die-digitale-wende-erreicht-die-kunst-12280263.html.

dar. Jedes ernstzunehmende Auktionshaus verfügt inzwischen über eine eigene Website und viele Anbieter stellen ihre Angebote online, um einen größeren, vor allem internationalen Klientenkreis zu erreichen. Neben den online einsehbaren Homepages ist auch der Kunstmarkt nicht gänzlich analog geblieben. Das Unternehmen Artnet AG beispielsweise bietet unter anderem als Dienstleistung eine Online-Preisdatenbank an, die nach eigenen Angaben circa 7 Millionen Auktionsergebnisse von 700 internationalen Auktionshäusern auflistet.[33] Dadurch lassen sich vereinfacht die Preisentwicklungen am Markt verfolgen und Auktionsergebnisse verschiedener Künstler leicht nachvollziehen. Durch ein monatliches Abonnement werden die Daten den Kunden von Artnet AG zugänglich. Auch eine Auktion ist bei Artnet AG möglich: Galerien oder Künstler selbst bieten auf der Internetseite Kunst an. Diese ist allerdings keine klassische Live-Auktion, bei der beobachtet werden kann, wie sich die konkurrierenden Bieter überbieten, sondern der Bieter gibt selbst einen Vorschlag als Höchstgebot ab, vergleichbar mit dem Prozess bei ebay.de. Der Unterschied der beiden Anbieter liegt lediglich darin, dass bei eBay, die Auktion durch zeitlichen Ablauf beendet wird. Der Bieter kann, wenn er sein Angebot einstellt, festlegen, wie lange die Auktion online verfügbar ist. Wer bis zum Ablauf dieses Zeitrahmens die höchste Summe geboten hat, erhält den Zuschlag. Bei Artnet hingegen werden die Angebote per Mail abgeben und einzig das höchste Gebot entscheidet.

Es stellt sich also die Frage, ob Auctionata tatsächlich eine derartige (digitale) Innovation in Bezug auf online ersteigerbare Kunst darstellt, wie Auctionata sich selbst und die Medien das Start-up-Unternehmen gerne darstellen.

2. Veränderung durch Digitalität

2.1 Kundenakquise und -bindung

> Wir entwickeln die Auktion der Zukunft, die es Liebhabern wertvoller und seltener Stücke in aller Welt leichter macht, Objekte zu kaufen und zu verkaufen, ohne auf Top-Expertise und Sicherheit verzichten zu müssen.[34]

---

[33] Vgl. Auctionata, Zugriff am 29.08.2013, www.auctionata.com..

[34] Alexander Zacke gegenüber dem Handelsblatt vgl. Carina Groh-Contio, „Patek Philippe für sechsstelligen Betrag versteigert," in *Handelsblatt*, Zugriff am 29.08.2013, http://www.handelsblatt.com/unternehmen/handel-dienstleister/weltrekord-bei-auctionata-patek-philippe-fuer-sechsstelligen-betrag-versteigert/8331700.html.

Mit diesem Satz versucht Alexander Zacke, CEO von Auctionata, für seine Unternehmensstrategie, den Onlinehandel mit Kunst, zu werben. Wenn sich ein Unternehmen am Markt etablieren möchte, muss es Kunden gewinnen und versuchen diese langfristig an sich zu binden. Fraglich ist, ob sich ein Unternehmen, das ausschließlich virtuell agiert, anderen Herausforderungen stellen muss, als ein „traditionell" handelndes Haus.

Wie bereits oben erläutert, ist der Kunstmarkt ökonomisch gesehen unter anderem durch die Besonderheit geprägt, dass das Angebot nicht vervielfältigt werden kann, da in erster Linie Raritäten versteigert werden. Möchte ein Sammler ein bestimmtes Werk eines Künstlers erwerben, muss er es bei dem Anbieter kaufen, bei dem es angeboten wird; eine andere Möglichkeit gibt es, zumindest in Bezug auf Oeuvres verstorbener Künstler, zunächst nicht. Folglich muss sich ein Auktionshaus in erster Linie für die Einlieferer der Güter interessant machen, denn ohne qualitativ hochwertige Einlieferungen kann keine erfolgreiche Versteigerung stattfinden. Die Verkäufer der Kunstwerke werden ein Auktionshaus bevorzugen, das möglichst hohe Preise erzielen kann. Je mehr Bieter an der Auktion teilnehmen, desto höher ist der Nutzen für den Verkäufer, da durch eine steigende Zahl der Bieter im Durchschnitt auch der Preis steigt, der letztlich zustande kommt.[35] Durch aggressive Werbung versucht das Onlineauktionshaus Auctionata sicher zu stellen, einen möglichst hohen Kundenkreis zu erreichen.

Einmal auf die Website des Auktionshauses geklickt, folgt Auctionata seinen potenziellen Kunden im Internet. Egal welche Seiten man anschließend im Internet aufruft, die so genannten Cookies laden regelmäßig Werbung auf die neu aufgerufenen Suchseiten.[36] Aber auch weniger unterschwellig möchte Auctionata mit seinen Interessenten in Kontakt bleiben; der Online-Auktionshaus bietet potenziellen Kunden oder anderen Interessenten einen regelmäßigen Newsletter an. Einmal die Woche erhält der User dann eine Email mit Verweis auf kommende Versteigerungen. Die Versendung von Newslettern ist jedoch keine Neuheit in Bezug auf Online-Handel treibende Unternehmen. Gerade Präsenz durch Newsletter gehört inzwischen zum Standardmarketing moderner Unternehmen.

Die beiden Marktführer Sotheby's und Christie's werben auf andere Weise als Auctionata. Sie haben im Gegensatz zu Auctionata ein anderes Klientel und versuchen durch persönlichen Kontakt in den einzelnen Dependancen, sowie schrift-

---

[35] Bernd Müllerschön, *Gemälde als erfolgreiche Kapitalanlage. Der Markt für Bilder des 19. Jahrhunderts: Fakten, Hintergründe, Trends* (Stuttgart: Strohbeck, 1991), S. 74.
[36] Swantje Karich, „Die digitale Wende erreicht die Kunst," in *Frankfurter Allgemeine Zeitung* 15.07.2013, Zugriff am 29.08.2013, http://www.faz.net/aktuell/feuilleton/kunstmarkt/auktionen/online-auktionshaus-auctionata-die-digitale-wende-erreicht-die-kunst-12280263.html.

lichen Einladungen und Katalogsendungen die finanziell gut situierten Kunden anzusprechen. Ein Vergleich der jeweiligen Kundenakquise und -bindung ist folglich etwas schwierig. Festhalten lässt sich jedoch, dass es sinnvoll erscheint, dass ein ausschließlich virtuell agierendes Unternehmen auch vorwiegend virtuell wirbt. Eine postalische Einladung oder ein gedruckter Katalog, zumal das bei wöchentlich stattfindenden Auktionen logistisch eine Herausforderung darstellen dürfte, würde nicht zum Image des hier beschriebenen Start-ups passen.

In diesem Zusammenhang lässt sich eine leichte Veränderung durch Digitalisierung feststellen: Die Art zu werben hat sich der Art zu versteigern angepasst und sich in die virtuelle Welt verlagert.

2.2 Überwindung räumlicher Distanz – ein Problem des Vertrauens

Ein großer Nachteil der Internetauktionen ist die fehlende Möglichkeit einer Vorbesichtigung, denn dadurch kann eine größere Unsicherheit für den Käufer entstehen. Diese Erwartung lässt sich allerdings relativieren, denn obwohl bei den traditionellen Auktionshäusern stets die Möglichkeit besteht, zu besichtigen, steigern viele Kunden per Telefon, ohne die begehrten Objekte vorher zu besichtigen. Auch Auctionata bietet seinen Kunden die Möglichkeit, im Berliner Showroom vorbei zu kommen und entweder vorher die Objekte in Augenschein zu nehmen, oder als „herkömmlicher" Saalbieter mit zu steigern. Somit ist theoretisch eine Überbrückung der räumlichen Distanz gar nicht notwendig. Doch das Ziel Auctionatas ist es, überwiegend online zu versteigern und nach eigenen Angaben hat das Start-up-Unternehmen Käufer in der gesamten Welt. Unternehmensstrategie scheint folglich zu sein, bei dem Käufer nicht den Willen zu wecken, nach Berlin zu kommen, sondern dem Auktionshaus derart großes Vertrauen entgegenzubringen, dass ein Kaufvertrag ohne vorherige Besichtigung zustande kommt. Um dieses Vertrauen zu gewinnen, liefert das innovative Auktionshaus potenziellen Käufern verschiedene Argumente.

2.2.1 Garantie
Zunächst gewährt Auctionata eine „25 Jahre Echtheitsgarantie". Die Bedeutung dieser Zusage steht in den Geschäftsbedingungen: Die Garantie greift, wenn „Waren, deren Unechtheit in einem Schiedsgutachterverfahren vom Käufer der Ware nachgewiesen wurde, an das Auktionshaus gegen Erstattung des Kaufpreises zurückgegeben werden können."[37] Doch damit die Garantie greift, muss der

---

[37] Vgl. Auctionata, Zugriff am 29.08.2013, www.auctionata.com.

Käufer nachweisen, dass es sich um eine Fälschung handelt. Die Beweislast liegt somit beim Käufer. Wie aufwendig eine solche Beweisführung sein kann, ist aus diversen Fälschungsskandalen bekannt. Die Garantie suggeriert dem Käufer Sicherheit, fördert allerdings die Nachlässigkeit beim Kauf und sollte nicht als Qualitätsgarantie gesehen werden.[38] Wenn sich die Kundenbindung nicht über Jahre entwickeln kann, werden Gütesiegel erfunden, um potenzielle Neukunden zu akquirieren.

Problematisch ist diese Garantie auch hinsichtlich der Frage, was aus einem Unternehmen, das noch keine fünf Jahre am Markt agiert, in 25 Jahren wird. Im Falle einer Insolvenz Auctionatas greifen die 1,5 % des Bruttoumsatzes der Firma, die laut der Geschäftsführung für solche Garantiefälle auf einem Bilanzkonto gebucht werden.[39] Ob das ausreichend sein wird, muss die Zukunft zeigen.

Generell lässt sich bezüglich der vom Auktionshaus angebotenen Garantie festhalten, dass man Glaubwürdigkeit nur schwer produzieren kann; sie muss im Laufe der Zeit allmählich heranwachsen. Es bleibt folglich abzuwarten, wie Auctionata sich bei ersten Inanspruchnahmen des Garantiefalls verhält und ob aus diesem Verhalten zu den Kunden ein Vertrauensverhältnis erwachsen kann.

2.2.2 Transparenz

Fragt man bei Auctionata nach, warum Kunden dieser Internetplattform überhaupt vertrauen sollten, lautet die Antwort „Transparenz".[40] Als im Dezember 2012 Zweifel an einem Werk von Oskar Kokoschka aufkamen, habe man die Diskussion auf der Internetseite offen gelegt.[41] Auctionata publizierte Hinweise, und das Bild wurde schließlich für (verhältnismäßig geringe) 7500 Euro versteigert.
Kurz vor der Versteigerung veröffentlichte Auctionata die Negativexpertise auf der eigenen Website, mit dem Hinweis, die zweifelnde Äußerung beruhe nur auf Fotografien und „Materialwissenschaftliche Untersuchungen wurden nicht durchgeführt."[42] Auf diese Untersuchungen konnte allerdings auch Auctionata nicht ver-

---

[38] Swantje Karich, „Die digitale Wende erreicht die Kunst," in *Frankfurter Allgemeine Zeitung* Band X, Nr. (2013), Zugriff am 29.08.2013, http://www.faz.net/aktuell/feuilleton/kunstmarkt/auktionen/online-auktionshaus-auctionata-die-digitale-wende-erreicht-die-kunst-12280263.html.
[39] Ebd.
[40] In diesem Zusammenhang einen freundlichen Dank an Christiane Herzhauser und Alexander Zacke für die Bereitstellung ausführlicher Informationen über Auctionata.
[41] Swantje Karich, a.a.O.
[42] Stefan Kohldehoff, „Kokoschka selbst soll die Fälschung leidgetan haben," in *Frankfurter Allgemeine Zeitung* Zugriff am 29.08.2013, http://www.faz.net/aktuell/feuilleton/kunstmarkt/ legendenbildung-kokoschka-selbst-soll-die-faelschung-leidgetan-haben-11993682.

weisen. Das Faltblatt zur ersten Internetauktion des Unternehmens setzte trotz der Diskussion kein Fragezeichen hinter den Künstlernamen.

Inwiefern diese Transparenz dem Kunden hilft, bleibt fraglich. Vielmehr stellt sie eher ein Verschieben der Verantwortung dar. Der Kunde hatte durch die vermeintliche Transparenz die Möglichkeit beide Meinungen zu hören und nun liegt es an ihm, für ein eventuell gefälschtes Kunstwerk zu bieten. Diese Verkaufsstrategie mutet dem Kunden selber zu, erkennen zu müssen, was echt und was eine Fälschung ist, beziehungsweise wem er vertrauen soll. Ohne kunsthistorisches Wissen oder zumindest eine Einschätzung über die Befähigung der Gutachter ist diese Entscheidung eine unmögliche Aufgabe für einen Käufer beziehungsweise Laien.

Folglich liegt zwar eine Transparenz vor, was einen Meinungsstreit unter Kunsthistorikern bei den Auktionen des Onlineauktionshauses angeht. Eine derartige Offenlegung eines wissenschaftlichen Diskurses konnte bei traditionellen Häusern bis dato noch nicht beobachtet werden konnte. Doch hilft dieses Verhalten dem Verbraucher nicht, das Vertrauen wird nicht gestärkt, denn im Grunde bezieht Auctionata im Streitfall hinsichtlich der Echtheit eines Objektes, wie im zuvor beschriebenen Fall, keine Position. Dennoch ist es als eine zu begrüßende Entwicklung zu sehen, weil durch dieses Offenlegen eines Meinungsstreits tatsächlich mehr Transparenz entsteht. Zwar besteht diese eher darin, den Alltag eines Kunsthistorikers in Bezug auf Werkexpertisen und Zuschreibungsproblematiken nachvollziehen zu können; ob das allerdings von Interesse eines Käufers oder Sammlers ist, bleibt zu bezweifeln.

2.2.3 Objektpräsentation und Versteigerung

Bevor der Kunde sich bei Auctionata für eine Online-Mitsteigerung an einem Objekt entscheidet, steht ihm die Möglichkeit zur Verfügung, die zu versteigernden Objekte der kommenden Auktion auf der Internetseite des Unternehmens zu begutachten, auch eine Kontaktaufnahme per Telefon und Email ist jederzeit möglich. Ähnlich wie in einem herkömmlichen Katalog werden auf Auctionatas Homepage Angaben zu Künstler, Technik, Signatur, Provenienz und dergleichen gemacht. Darüber hinaus werden dem potenziellen Kunden mehrere hochauflösende Fotos des Werkes bereitgestellt, sowie Detailaufnahmen und auch ein Hineinzoomen ist möglich. Im Vergleich zu Sotheby's und Christie's ist diese Art der Betrachtungsmöglichkeit ein Novum, denn bei den traditionell handelnden Marktführern, sind jeweils nur einzelne Fotos der Objekte auf der Internetseite oder im Katalog zu sehen und eine detailliertere Betrachtung ist nicht möglich.

Fraglich ist, inwieweit diese digitale Form der Begutachtung einer realen Betrachtung nahe kommt oder diese sogar ersetzen kann. Letztlich bleibt beim

Konsumenten die Frage, ob ein Bild manipuliert wurde, nicht unbedingt in Bezug auf die Echtheit, aber eventuell den Zustand betreffend. Hier muss der Kunde letztendlich selbst entscheiden, ob er dem Unternehmen das Vertrauen schenkt und der digitalen Präsentation zutraut, das zu ersteigernde Objekt realitätsgetreu auf dem Bildschirm abgebildet zu haben. Eine Bildmanipulation ist vermutlich auszuschließen, da Auctionata wettbewerbsfähig bleiben möchte und versucht sich als eine ernstzunehmende Konkurrenz zu den traditionellen Häusern zu etablieren. Fraglich ist vielmehr ob es einem Laien tatsächlich möglich, anhand eines Fotos den Zustand und den Wert eines Kunstwerks zu beurteilen? Können hochauflösende Fotos die Betrachtung des Originals ersetzten? Im Hinblick auf die gängige Auktionspraxis kann diese Frage allerdings dahinstehen, denn schon jetzt sind viele Bieter auf Auktionen nur noch per Telefongebot vertreten und besichtigen das Original vorher nicht. Bei den großen Häusern, mit fast 200 Jahren Renommee mag es verständlich sein, dass die Käufer auf die Einschätzung des Auktionshauses vertrauen. Inwieweit das bei einem Marktneuling gilt, bleibt abzuwarten. Festhalten lässt sich, dass vonseiten des Auktionshauses aus, ein möglichst großer Aufwand betrieben wird, dem Käufer ein sicheres Gefühl zu vermitteln. Eine Betrachtung des Originals vor Ort in Berlin ist schließlich nicht ausgeschlossen.

Darüber hinaus möchte Auctionata nicht als ein anonymer Internetanbieter gesehen werden und zeigt sich insbesondere auf der Homepage repräsentiert durch reale Menschen. Klaus–Dieter Müller ist beispielsweise die Person, die den Erstkontakt beantwortet.[43] Er begutachtet die via Email eingesendeten Fotos und kategorisiert diese, ob sie generell von Interesse für den Versteigerer sind, im Online-Shop verkauft oder zu einer Versteigerung zugelassen werden. Diese Vorgehensweise zeigt erneut die Nähe zu den traditionell agierenden Konkurrenten, denn auch die konventionellen Auktionshäuser entscheiden häufig anhand von Fotos über die Artikel; nicht jedes Objekt wird zur Begutachtung in die Zentralen nach New York oder London transportiert.

Ein weiterer wichtiger Faktor, der Transparenz und Kundennähe suggerieren soll, ist die Internet-Auktion Auctionata selbst. Von zentraler Bedeutung für den Erfolg einer Auktion sind die Auktionatoren. Diese können sowohl Angestellte des Auktionshauses als auch dessen Inhaber oder Teilhaber selbst sein. Die Qualität des Auktionators gilt allgemein als wesentlicher Erfolgsfaktor eines Versteigerungsunternehmens. Neben Kunst- und Kunstsachverstand repräsentiert der

---

[43] Vgl. Auctionata, Zugriff am 29.08.2013, www.auctionata.com.

Auktionator vor allem durch seriöses Geschäftsgebaren das Auktionshaus und ist somit für den Ruf des gesamten Auktionshauses mitverantwortlich.[44]

Auch Auctionata verfügt über einen Auktionator, Fabian Markus, der die wenigen anwesenden Saalbieter und zahlreichen Online-Gebote koordiniert. Unterstützt wird er meist durch einen der Experten, der Einzelheiten zu den jeweiligen Werken erläutert. Während die beiden anwesenden Personen live von einem Berliner Aufnahmestudio via Internet in die gesamte Welt übertragen werden, hat der Bieter die Möglichkeit in einem Live-Chat Fragen, sowohl an den Auktionator, als auch an den Experten zu stellen, die diese anschließend live beantworten. Für dieses globale Versteigerungsformat haben die Gründer Auctionatas ein Patent angemeldet.[45]

Eine Interaktion, wie bei einer realen Auktion, ist also möglich, abgesehen von der räumlichen Distanz.

Grundsätzlich lässt sich zusammenfassen, dass der Kunde anonym bleibt und der Online-Anbieter sein virtuelles Image pflegen muss, um bei Kunden Vertrauen hervorzurufen, sodass diese eine Investition tätigen. Auctionata gelingt die Schaffung eines Vertrauensverhältnisses teils sehr gut; in anderen Punkten bleibt abzuwarten, wie das Online-Auktionshaus in Zukunft agiert.

Ob Auctionata tatsächlich an die Marktpräsenz der Globalplayer heranreichen wird, bleibt fraglich. Viel eher ist es wahrscheinlich, dass das Berliner Online-Auktionshaus für mittelständische und regional agierende Auktionshäuser eine starke Konkurrenz bedeuten kann. Das von traditionellen Auktionshäusern hervorgebrachte Argument, dass die einliefernde Kundschaft häufig nicht die technologieinteressierteste Bevölkerungsschicht ist und gerade den persönlichen Kontakt im Showroom oder zur Begutachtung des Objektes sucht, wird sich in Zukunft ändern. Denn die Einlieferer von morgen haben bereits jetzt einen anderen Bezug zur digitalen Welt und werden, wenn sie das finanzielle Kapital der vorangehenden Generation erreicht haben, vermutlich anders denken, als jetzige Einlieferer.

2.3 Vor- und Nachteile durch digitalisierten Kunsthandel

Dass eine Veränderung des Auktionswesens durch Digitalisierung eingetreten ist, lässt sich nicht leugnen, auch wenn sie nicht derart gravierend ist, wie von Teilen der Medien suggeriert wird. Es stellt sich die Frage, wer durch diesen Wandel

---

[44] Bernd Müllerschön, *Gemälde als erfolgreiche Kapitalanlage. Der Markt für Bilder des 19. Jahrhunderts: Fakten, Hintergründe, Trends* (Stuttgart 1991), S. 99.
[45] Patentnummer EP2011/058453 (vgl. Sumobrain, Zugriff am 29.08.2013, http://www.sumobrain.com/patents/wipo/Computer-system-exchange-messages/WO2012159665.html).

profitiert und wie mit eventuellen Nachteilen umgegangen werden kann.

Ein möglicher Nachteil ist das große Angebot an erwerbbaren Gegenständen, das aufgrund der Ersparnis an Kosten und Logistik zunehmen wird. Auf den ersten Blick mag man vielleicht glauben, dass eine Warenvielfalt positiv zu werten ist, nur ergibt sich daraus das Problem, dass es zunehmend schwierig wird, den Überblick zu behalten. Fraglich ist in diesem Zusammenhang, ob alle Interessenten eines Sammlungsgebiets die jeweiligen Angebote verfolgen. Dadurch könnte ein Nachteil für den Verkäufer entstehen. Dieser Nachteil ließe sich allerdings vermeiden, indem wertvolle Gegenstände ausschließlich bei Spezialauktionen angeboten werden.[46]

Von Vorteil für den Verkäufer hingegen ist die zeitnahe Schätzung durch die Experten. Durch eine Verkürzung der Logistik und einer Expertise via Foto und Email, wird es dem Verkäufer zukünftig leichter fallen, verschiedene Angebote konkurrierender Unternehmen einzuholen. Dies gilt insbesondere für Verkäufer, die nicht auf einen Höchstpreis abzielen, oder kein Verständnis für die Komplexität des Kunstmarktes haben, sondern ausschließlich Einzelteile, wie beispielsweise Erbstücke verkaufen möchten. Hier kann Auctionata insbesondere durch die große Anzahl verschiedener Experten überzeugen.

Der Vorteil für das Auktionshaus, das ausschließlich online verkauft, liegt in der Reduktion der Kosten: Zum einen durch eine weniger aufwendige Logistik, zum anderen aufgrund des Verzichts auf einen Katalog. Inwieweit der Kunde von diesen Ersparnissen hinsichtlich der Höhe der Taxen profitiert, ist zu bezweifeln. Wie bereits oben angeführt, veranschlagt Auctionata ähnliche Aufgelder für Einlieferung und Versteigerung, wie die traditionell handelnden Unternehmen.

Ein Nachteil für das online agierende Auktionshaus kann eine mögliche hohe Zahl der Retouren sein. Bereits bei traditionell handelnden Häusern ist dieses Problem ein großer Teil des täglichen Arbeitsaufwandes. Wenn die Kunden Auctionatas das ersteigerte Objekt vorher nicht im Original gesehen haben, sind eventuelle Rücksendungen wahrscheinlicher, als bei den Konkurrenten.

Weder als Vor- noch als Nachteil, vielmehr als Fakt ist noch zu beachten, dass durch Online-Auktionen die Atmosphäre, die bei Kunstauktionen im klassischen Sinn entsteht, verloren geht. Wenn jeder Bieter allein vor seinem Computer sitzt und bietet, hat dieses Verfahren sicherlich nicht dieselbe Wirkung, wie eine Veranstaltung, zu der Käufer anreisen, die sich größtenteils kennen und die ihre gegenseitige Konkurrenz sogar körperlich wahrnehmen können. Gerade im Kunsthandel

---

[46] Vgl. Konrad Lischka, „Online – Kunstauktionen: Dieses Hündchen ist 3000 Euro wert," in *Spiegel-Online* Zugriff am 29.08.2013, http://www.spiegel.de/netzwelt/web/online-kunstauktionen-auctionata-artnet-und-christie-s-im-ueberblick-a-870730.html.

ist dies, wo auch immer die Eitelkeiten der Akteure eine Rolle spielen, ein nicht zu unterschätzender Faktor.

Durch die Digitalisierung des Kunstmarktes, insbesondere durch Online-Anbieter wie Auctionata, wird definitiv der Zugang zum Erwerb von Kunst erleichtert, vielleicht sogar demokratisiert. Wenn bei großen Auktionshäusern, wie Sotheby's und Christie's, nur eine äußerst wohlhabende, sehr kleine Klientel angesprochen wird und überhaupt Zugang zu den Auktionsräumen erhält, ist es durch die Digitalisierung jedermann möglich, die Kunst zu betrachten, eine Preisentwicklung zu beobachten und sie schließlich käuflich zu erwerben. Auch wenn Sotheby's und Christie's medial am meisten wargenommen werden, besteht sicher auch bei den national agierenden Auktionshäusern, wie beispielsweise Van Ham, Lempertz und Bassenge eine gewisse Hemmschwelle bezüglich der Kontaktaufnahme. Diese Auflösung der Exklusivität ist definitiv als Vorteil für die Käufer von Kunst und Antiquitäten zu sehen, denn sie erweitert die Marktmöglichkeiten und fördert die Konkurrenz.

3. Fazit

Über die Verbindung zwischen dem Internet als New Economy und dem Kunstmarkt als Old Economy war viel vorausgesagt geworden. Nur ein Bruchteil davon sollte sich erfüllen und manche Versteigerer scheiterten bei dem Versuch: beispielsweise Sotheby's. Eine vermeintliche Ernüchterung kam zu Beginn des neuen Jahrtausends: Es schien, als ließe sich hochwertige Kunst ab einem gewissen Preisniveau online nicht versteigern.

Der allgemeine Umgang mit digitalen Medien hat sich seitdem jedoch verändert; Digitalität ist selbstverständlicher geworden. Einige Kunstmessen und Biennalen[47] finden ausschließlich im Internet statt, Sammler und Galeristen kommunizieren inzwischen über Social Media. Das menschliche Auge hat sich so an Bilder in einer digitalen Darstellungsform gewöhnt, dass viele Museen Sorge um ihre Besucherzahlen haben, denn Kunst kann inzwischen intensiver, mit deutlich weniger Aufwand und günstiger online betrachtet werden.

Auf dem Kunstmarkt ist das Web nur ein Verkaufskanal von vielen, bestätigen Studien und beziffern den Umsatzanteil mit etwa zehn Prozent. Immerhin zehn Prozent eines global deklarierten Volumens von 64 Milliarden Dollar (Tefaf-Studie

---

[47] Vgl. beispielsweise: ART +, Zugriff am 29.08.2013 http://www.artplus.com; oder VIPART, Zugriff am 29.08.2013, https://www.vipart.com.

2012) inspirieren auch den Bereich E-Commerce, wie das Beispiel Auctionata zeigt.[48]

Das Beispiel Auctionata zeigt, dass eine Wende im Kunsthandel erreicht wurde und es einen Kundenkreis gibt, der bereit ist, Kunst und Antiquitäten online zu ersteigern, wenn auch nicht in dem Preissegment, wie bei traditionellen Auktionshäusern. Durch Vertrauen schaffende Maßnahmen, wie detailreiche fotografische Darstellung, ständige Möglichkeit der Kontaktaufnahme, Live-Kontakt während der Versteigerung und schließlich die örtliche Präsenz in Berlin, sind Kunden bereit auch Kunst online zu ersteigern.

Sicherlich wurde der digitale Wandel, der inzwischen auch die Kunstwelt erreicht hat, nicht durch Auctionata ausgelöst, viel mehr haben die Gründer des Unternehmens den Zeitgeist erkannt und den richtigen Zeitpunkt für eine Etablierung des Online-Handels gefunden. Ob diese Entwicklung weiter fortschreiten wird, bleibt abzuwarten, denn wie sich die Konsumenten inzwischen an E-Books, Onlineshopping oder Onlinebanking gewöhnt haben, ist es vielleicht nur eine Frage der Zeit, bis dieselben Konsumenten bereits sind, noch größere Summen für online ersteigerte Kunst zu bezahlen. Das Beispiel des Verkaufs des Aquarells „Liegende Frau" von Egon Schiele zeigt jedenfalls, dass auch Kunst ab einem Wert von über einer Million Euro, online zu versteigern ist, was vor zehn Jahren noch undenkbar schien.

Der global agierende Kunstmarkt wird sich der Digitalisierung nicht entziehen können und traditionell handelnde Unternehmen, wie Sotheby's und Christie's, aber auch deutsche Traditionshäuser, wie Van Ham, Lempertz, Bassenge und andere werden in der virtuellen Welt zukünftig mehr auf ihre Kunden zugehen müssen, um nicht als antiquiert zu gelten, ganz nach der Londoner Auktionsweisheit:

> You are only as good as your next sale.[49]

Literatur

Baumeister, Peter. *Die Auktion. Zur Preisbildung für Seltenheitsgüter im Versteigerungsgewerbe*. Mannheim: Frankfurt am Main, 1974.

---

[48] Olga Kronsteiner, „Fantastillionen mit dem Online_Kunsthandel," in *Handelsblatt* Band X, Nr. X (2013), Zugriff am 29.08.2013, http://www.handelsblatt.com/panorama/kunstmarkt/ internet auktionen-fantastillionen-mit-dem-online-kunsthandel/7586980.html.
[49] Alte Londoner Auktionsweisheit, vgl. Andreas Rumbler, „Der Auktionator," in *Art-Investor – Handbuch für Kunst und Investment*, hg. v. Lothar Pues, Edgar Quadt und Rissa (München: FinanzBuch Verlag, 2002), S. 369.

Dittmar, Peter. „Auktionshäuser steigern Umsatz – Führende deutsche Kunstversteigerer bilanzieren das Geschäftsjahr 2004." In *Die Welt*, 06.02.2005, Zugriff am 29.08.2013, http://www.welt.de/print-wams/article122766/Auktionshaeuser-steigern-Umsatz.html.

Drinkuth, Friederike Sophie. *Der moderne Auktionshandel. Die Kunstwissenschaft und das Geschäft mit der Kunst.* Bonn: Böhlau Verlag, 2003.

Eisenbeis, Markus. „Die Zukunft des Auktionsmarktes." In *Art-Investor – Handbuch für Kunst und Investment*, herausgegeben von Pues, Lothar, Quadt, Edgar und Rissa, S. 370 – 377. München: FinanzBuch Verlag, 2002.

Garrett, Wendell. „The Auction House Revisited". In *Sotheby's – Art and Auction – The Art Market Review 1993 – 1994*. S. 50 – 55. London: Conran Octopus, 1994.

Groh-Contio, Carina. „Patek Philippe für sechsstelligen Betrag versteigert." In *Handelsblatt* 11.06.2013, Zugriff am 29.08.2013, http://www.handelsblatt.com/unternehmen/handel-dienstleister/weltrekord-bei-auctionata-patek-philippe-fuer-sechsstelligen-betrag-versteigert/8331700.html.

Herchenröder, Christian. „Programmiertes Wachstum – Der Kunstmarkt am Ende der ereignisreichen Saison 1988/1989." In: *Der Kunstmarkt im Handelsblatt Band 10*, Düsseldorf: Handelsblatt, 1989.

Herchenröder, Christian. *Die neuen Kunstmärkte. Analyse, Bilanz, Ausblick.* Düsseldorf: Verlag Wirtschaft und Finanzen, 1990.

Herchenröder, Christian. „Der Kunstmarkt im 20. Jahrhundert." In: *Weltkunst. 70. Jahrgang. Nr. 10. (2000);* S. 1684-1687, München: Zeit Kunstverlag, 2000.

Herbert, John. *Inside Christie's.* New York: St Martins Pr, 1990.

Herrman, Frank. *Sotheby's – Portrait of an Auction House.* London: WW Norton & Co, 1980.

Höfer, Max. „Der Tanz ums goldene Kalb."In: *Kunst und Wirtschaft*, herausgegeben von Karl Michael, S. 180 – 192. Köln: Rotbuch, 1983.

Karich, Swantje. „Die digitale Wende erreicht die Kunst."In *Frankfurter Allgemeine Zeitung* 15.07.2013, Zugriff am 29.08.2013, http://www.faz.net/aktuell/feuilleton/kunstmarkt/auktionen/online-auktionshaus-auctionata-die-digitale-wende-erreicht-die-kunst-12280263.html.

Kohldehoff, Stefan. „Kokoschka selbst soll die Fälschung leidgetan haben." In *Frankfurter Allgemeine Zeitung,* 15.12.2012, Zugriff am 29.08.2013, http://www.faz.net/aktuell/feuilleton/kunstmarkt/legendenbildung-koko schka-selbst-soll-die-faelschung-leidgetan-haben-11993682.

Kronsteiner, Olga. „Fantastillionen mit dem Online_Kunsthandel." In *Handelsblatt* 04.01.2013, Zugriff am 29.08.2013, http://www.handelsblatt.com/panorama/ kunstmarkt/internetauktionen-fantastillionen-mit-dem-online-kunsthandel/ 7586980.html.

Lischka, Konrad: „Online – Kunstauktionen: Dieses Hündchen ist 3000 Euro wert" in *Spiegel-Online,* 05.12.2012, Zugriff am 29.08.2013, http://www. spiegel.de/netzwelt/web/online-kunstauktionen-auctionata-artnet-und-christie -s-im-ueberblick-a-870730.html.

Mühsam, Kurt. *Die Kunstauktionen.* Berlin: Verlag für Kunstwissenschaft, 1923.

Müllerschön, Bernd. *Gemälde als erfolgreiche Kapitalanlage. Der Markt für Bilder des 19. Jahrhunderts: Fakten, Hintergründe, Trends.* Stuttgart: Strohbeck, 1991.

North, Michael und Ormrod, David. *Arts Markets in Europe, 1400 – 1900,* Ashgate: Ashgate Publishing Limited, 1998.

Oberender, Peter und Zerth, Peter. „Eine Einführung in die Mikroökonomie der Kunst unter Berücksichtigung der wachsenden Beudeutung von Informationsmärkten." In *Art-Investor – Handbuch für Kunst und Investment,* herausgegeben von Pues, Lothar, Quadt, Edgar und Rissa München: FinanzBuch Verlag S. 67-75.

Pommerehne, Werner und Frey, Bruno. *Ansätze einer Ökonomik der Kunst.* München: Vahlen, 1993.

Rumbler, Andreas. „Der Auktionator." In *Art-Investor – Handbuch für Kunst und Investment,* herausgegeben von Pues, Lothar, Quadt, Edgar und Rissa, S. 365-369. München: FinanzBuch Verlag, 2002.

Wahrhol, Andy. *The Philiosophy of Andy Warhol: from A to B and back again.* New York: Mariner Books, 1977.

Watson, Peter. *Sotheby's, Christie's, Castelli & Co. Der Aufstieg des internationalen Kunstmarkts.* Düsseldorf, Wien, New York: Econ, 1993.

V. Anhang

Umfrage

Julia Catherine Berger

Im Zuge dieses Forschungsprojekts konzipierten Henriette Roth und ich einen Online-Fragebogen zum Thema „Umgang mit Fotografie". Es erschien uns sinnvoll, unsere beiden Fragestellungen in einer Umfrage zusammenzufassen, was die Zerstreuung und damit die Teilnehmerzahl vergrößerte, sowie das Auswerten erleichterte. Wir hatten einen Rücklauf von insgesamt 450 Teilnehmern, denen ich an dieser Stelle nochmals für die Teilnahme danken möchte. Einige Bögen mussten allerdings wegen Ungültigkeit ausgeklammert werden. 67 % der Teilnehmer waren weiblich, ebenfalls 67% waren zwischen 21 und 29 Jahre alt.[1] Dies lässt sich durch die Verbreitung im studentischen Umfeld erklären. Der Fragebogen besteht aus vier Parts: Ein allgemeiner Teil mit Fragen zur Person, dann jeweils ein Teil über die Benutzung von Analog- sowie Digitalfotografie (hier wurden die Teilnehmer gesplittet), und abschließend einige Fragen zum Thema Fotografie und Internetnutzung.[2]

---

[1] Berger, J. und Roth, H.: Umfrage zum Umgang mit analoger und digitaler Fotografie, surveymonkey.net, Juli-August 2013. Frage 1-2, N=438 Teilnehmer über 18 Jahre. http://resolver.sub.uni-goettingen.de/purl/?webdoc-3902.

[2] Da bei den einzelnen Fragen oft Mehrfachnennungen möglich waren, handelt es sich meist um keine absoluten Prozentangaben.

Die Umfrage diente als Grundlage der unterschiedlichen Fragestellungen von Frau Roth und von mir. Dies setzte unterschiedliche Fokusse voraus und konnte auch zu anderen Auslegungen, sprich Schlussfolgerungen der Umfrage-Ergebnisse führen.

Mein Fokus lag bei der Auswertung auf dem Vergleich von Analog- und Digitalfotografie bzw. deren Bildpraktiken: Wie unterscheiden sich die beiden Techniken im alltäglichen Umgang mit besonderem Hinblick auf die ‚Verarbeitung' der Fotos? Lassen sich Unterschiede definieren, aber wichtiger noch: Lassen sich die in meiner These formulierten Konstanten belegen, sowie Sonderformen erkennen?

450 Teilnehmer ergeben kein repräsentatives, allgemeingültiges Ergebnis, sie lassen jedoch eine Tendenz (zumindest innerhalb dieser befragten Gruppe) erkennen, mit welcher hier gearbeitet werden kann. Die Sondierung sollte besonders anthropologisch-persönlich(?) fokussierte, alltägliche Besonderheiten in Bezug auf den Umgang mit Fotografie ans Licht bringen. So fragten wir nach Inhalt (was, wann, wo, wie oft wird fotografiert?) aber auch nach Form (wie werden Fotos ‚weiterverarbeitet'?).Die Mehrheit nutzt Fotografie nur in der Freizeit, 12 % der Umfrageteilnehmer haben auch beruflich mit Fotografie zu tun.[3] Außerdem ließen wir den Teilnehmern die Chance, zu einigen Begriffen Schlagworte frei zu assoziieren. Dies sollte einen sprachanalytischen Aufschluss über Verhältnis und gesellschaftliche Konnotation bestimmter, in diesem Zusammenhang relevanter Technik und Objekte geben. Die Motivation dabei lag bei dem Wunsch, nicht rein theoretisch zu arbeiten, sondern eine empirische Erhebung durchzuführen, die (eventuell) zu neuen Ergebnissen (die These bekräftigen oder widerlegen) führen würde.

Über 89 % der Befragten nutzen eine Digitalkamera, etwa 68 % ein anderes Imaging Produkt wie Handy oder Tablet PC. Analogfotografie wird immerhin noch von 21 % der Befragten praktiziert, allerdings besitzen fast 90 % der Befragten, die analog fotografieren auch eine Digitalkamera.[4]

Durch die Aufteilung der Teilnehmer auf Analog-, bzw. Digitalfotografie, sowie der Möglichkeit, Fragen zu überspringen, ergeben sich bei den Fragen unterschiedliche Beantwortungszahlen.

---

[3] Berger, J. und Roth, H.: Umfrage zum Umgang mit analoger und digitaler Fotografie, surveymonkey.net, Juli-August 2013. Frage 4, N=438 Teilnehmer über 18 Jahre.

[4] Berger, J. und Roth, H.: Umfrage zum Umgang mit analoger und digitaler Fotografie, surveymonkey.net, Juli-August 2013. Frage 3 (gefiltert nach Analogfotografen), N=96 Teilnehmer über 18 Jahre.

Im Folgenden ist der Fragenkatalog unserer Umfrage abgebildet. Die Schrägstriche trennen die verschiedenen vorgegebenen Antwortmöglichkeiten. Die Fragen, bei denen keine Antwortmöglichkeiten stehen, waren offene Fragen zur freien Beantwortung.

Allgemeiner Teil

1. Geschlecht? Weiblich/ Männlich
2. Wie alt sind Sie?
3. Welche technischen Geräte benutzen Sie zum Fotografieren? (Mehrfachnennung möglich)
   Analogkamera/ Digitalkamera/ Handy, Smart Phone, Tablet PC
4. Wie ist Ihr Bezug zur Fotografie?
   Ich fotografiere nur gelegentlich./ Ich fotografiere als Hobby./ Ich habe auch beruflich mit Fotografieren zu tun.
5. Wenn Sie analoge **und** digitale Fotografie benutzen, wie wählen Sie aus, was Sie wann benutzen?

Abschnitt A: Analogfotografie

6. Nennen Sie drei Schlagworte, die Sie mit dem Begriff „Analogfotografie" verbinden.
7. Nutzen Sie analoge Fotografie?
   Ja, seit etwa…Jahren. / Nein
8. Warum fotografieren Sie analog?
9. Was fotografieren Sie hauptsächlich? (Mehrfachnennung möglich)
   Urlaube/ Besondere Anlässe (Hochzeiten, Geburtstage)/ Alltägliches, z. B./ nur bestimmte Themen, wie / nur die eigene Familie/ nur fremde Menschen und Orte/ Sonstiges:
10. Wie oft fotografieren Sie analog, bzw. wie oft bekommen Sie einen Film voll?
    ca. 1x pro Woche/ ca. 1x pro Monat/ ca. 1x pro halbes Jahr/ weniger
11. Auf welche Weise nutzen Sie Ihre analogen Fotos?
    Einrahmen/ in Fotoalbum einfügen/ in Kiste o.ä. verstauen/ Sonstiges:
12. Wieso fügen Sie Ihre Fotos zu einem Fotoalbum zusammen?
13. Nach welchen Ordnungskriterien geschieht das ‚einkleben'?
    Thematisch/ nach aufgenommenem Ort/ Nach Motiv/ Chronologisch/ Sonstige:

14. Wie viele Fotos pro entwickelten Film (36 Fotos) ‚verarbeiten' Sie weiter (z. B. einrahmen, einkleben in Fotoalben)?
    Keine/ ca. 25%/ ca. 50%/ ca. 75%/ alle
15. Wenn Sie Ihre Fotos nicht ‚weiterverarbeiten', wieso nicht? keine Zeit/ keine Lust/ Ich mache die Fotos nur um des Fotografierens willen./ Sonstiges:
16. Welche Kriterien muss ein Foto Ihrer Meinung nach erfüllen, um ‚gut' zu sein?
17. Welchem Personenkreis gewähren Sie Einblick in ihre Analogfotos? (Mehrfachnennung möglich)
    Niemand, sie sind nur für mich selbst./ Verwandte/ Freunde/ Bekannte/ Ich präsentiere sie öffentlich (Zeitung, Ausstellungen, etc.). Wenn ja, wo?/ Sonstiges:
18. Scannen Sie Ihre Fotos ein, um sie gegebenenfalls am Computer weiterzuverarbeiten oder mit anderen Leuten zu teilen?
    Ja/ Manchmal/ Nur besonders gute Fotos/ Nein

Abschnitt B: Digitale Fotografie

19. Nutzen Sie digitale Fotografie? (Dazu zählen auch Handys, etc.) Ja, seit etwa…Jahren/ Nein *(falls Nein, bitte weiter ab Abschnitt C)*.
20. Was ist Ihrer Meinung nach der Vorteil digitaler Fotografie gegenüber analoger Fotografie?
21. Was nutzen Sie vorwiegend zum Aufnehmen digitaler Fotos?
    Digitalkamera/Handy, Smart Phone, Tablet PC/ Anderes:
22. Was fotografieren Sie hauptsächlich? (Mehrfachnennung möglich)
    Urlaube/ besondere Anlässe (Hochzeiten, Geburtstage)/ Alltägliches, z. B./ Nur bestimmte Themen, wie:/ Nur die eigene Familie/ Nur fremde Menschen und Orte/ Sonstiges:
23. Wie häufig Fotografieren Sie digital?
    Täglich/ mehrmals pro Woche/ ca. 1x po Woche/ weniger
24. Bei digitaler Fotografie ist es möglich, eine (fast) unbegrenzte Anzahl von Fotos zu machen. Wie viele Bilder erscheinen Ihnen pro persönlicher ‚Fotosession' brauchbar?
    Keine/ ca. 25%/ ca. 50%/ ca. 75%/ alle
25. Welche Kriterien muss ein Digitalfoto Ihrer Meinung nach bereits <u>vor</u> einer Bearbeitung erfüllen, um ‚gut' zu sein?

26. Nutzen Sie digitale Fotobearbeitungsprogramme/-Apps (z. B. Photoshop, Instagram)?
Nein/ Ja, folgende Programme/Apps nutze ich:
27. Welche digitalen Bearbeitungsmöglichkeiten nutzen Sie vorwiegend? (Mehrfachnennung möglich)
Drehen, Zuschneiden/ Farbfilter / Helligkeit, Kontraste/ Hinzufügen von Text/ schwarz-weiß Filter/ Malwerkzeuge/„Retro-Optik"/ Sonstige:
28. Auf welche Weise nutzen Sie Ihre Digitalfotos? (Mehrfachnennung möglich)
im digitalen Bilderrahmen ausstellen/ ausdrucken und danach in Fotoalbum einfügen/ einrahmen/ Fotobuch erstellen/ Sonstiges:/ Keine Weiterverwendung, ich archiviere sie nur auf dem Computer.
29. Wenn Sie Ihre Fotos nicht weiter verwenden, wieso nicht?
keine Zeit/ keine Lust/ zu teuer/ zu kompliziert/ Sonstiges:
30. Auf welche Weise nutzen Sie mit dem Handy/ Smartphone aufgenommene Fotos? (Mehrfachnennung möglich)
als Erinnerungen/ als Merkhilfe für Informationen/ zum Versenden per SMS, *What's App*, E-mail, etc./ zum Speichern auf dem Computer/ zum Posten auf sozialen Netzwerken/ zum Entwickeln/Ausdrucken/Sonstiges:

Abschnitt C: Fotobücher

31. Nennen Sie drei Schlagworte, die Sie mit dem Begriff „Fotoalbum" verbinden.
32. Nennen Sie drei Schlagworte, die Sie mit dem Begriff „Fotobuch" verbinden.
33. Ein Fotobuch ist ein Buch, welches Sie aus Ihren Digitalfotos am PC erstellen können und welches dann gedruckt und gebunden wird. Kennen Sie Fotobuchanbieter, die eine solche Dienstleistung anbieten? Wenn ja, welche?
Ja:/ Nein.
34. Haben Sie selbst schon einmal ein Fotobuch erstellt?
Ja/ Nein
35. Zu welchem Anlass/ Nach welchen Themen haben Sie ihr Fotobuch erstellt?
36. Aus welchem Grund haben Sie bisher noch kein Fotobuch erstellt?
37. Wie gestalten Sie Ihr Fotobuch? (Mehrfachnennung möglich)
Ich gestalte das Fotobuch so, dass es möglichst günstig bleibt./ Ich gestalte mein Fotobuch möglichst hochwertig, auch wenn es dann teurer wird./ Ich klicke auf „Automatisch Füllen" und mache mir nicht viel Arbeit./ Ich benutze verschiedene Layouts und bunte Hintergründe./ Ich füge Text ein./ Ich bearbeite die Fotos in dem Fotobuch- Editor (Effekte, Zuschnitt, etc.)./ Weiteres:
38. Was denken Sie, warum oder wozu andere Leute Fotobücher erstellen?

39. Welche Kriterien muss Ihrer Meinung nach ein Foto erfüllen, um ‚fotobuchwürdig' zu sein?

40. Wie würden Sie folgende Punkte im Vergleich von Fotoalbum und Fotobuch bewerten? Vergeben Sie Punkte von 1 (schlecht) bis 10 (sehr gut).

	Fotoalbum	Fotobuch
Qualität des Materials		
Langlebigkeit, Archivierungswert		
Möglichkeiten der Gestaltung		
Preis		
Zeitlicher Aufwand		
Persönliche Note		

Abschnitt D: Virtuelle Fotografie

41. Nutzen Sie soziale Netzwerke und/oder Fotoplattformen?
    Ja/ Nein, weil:
42. Welche sozialen Netzwerke/Fotoplattformen nutzen Sie <u>aktiv</u>? (Mehrfachnennung mögl.)
    Facebook/ Jappy/ Tumblr/ Twitter, Twitpic/ MeinVZ/ Pinterest/ Wer kennt Wen?/ Instagram/ Flickr/ Sonstige:
43. Wie häufig veröffentlichen Sie eigens erstellte Fotografien im Internet bzw. auf sozialen Netzwerken?
    Täglich/ mehrmals pro Woche/ ca. 1y pro Woche/ ca. 1x pro Monat/ weniger als 1x pro Monat/ nie
44. Welche Bildinhalte veröffentlichen Sie am häufigsten? (Mehrfachnennung möglich)
    Selbstportraits/ Architektur/ Menschen/ Landschaften/ Tiere/ Essen, Trinken/ Sonstiges:
45. Bearbeiten Sie Ihre Fotos vor dem veröffentlichen im Internet?
    Ja, direkt auf dem Handy oder Smart Phone./ Ja, mit dem Computer oder Tablet PC./ Nein
46. Welchem Personenkreis gewähren Sie Zugang/Einblick auf ihre Fotos im Internet? (Mehrfachnennung möglich)
    Niemand, sie sind nur für mich selbst zugänglich./ Verwandte/ Freunde/ Bekannte / Ich präsentiere sie öffentlich. Jeder hat die Möglichkeit meine Fotos zu sehen.
47. Warum veröffentlichen Sie Fotos auf sozialen Netzwerken?
48. Wie häufig ‚liken' oder teilen Sie von anderen Personen veröffentliche Fotos?

Täglich/ mehrmals pro Woche/ ca. 1x pro Woche/ ca. 1x im Monat/ weniger als 1x im Monat/ nie
49. Welche Bildinhalte von Fotos anderer Personen interessieren Sie am meisten? (Mehrfachnennung möglich)
Fotos, auf denen ich selbst zu sehen bin/ Architektur/ Menschen/ Landschaften/ Tiere/ Essen, Trinken/ Partyfotos/ Sonstiges:

Index

Abgebildetes 16, 19
Agent 40, 44
Alberti, Leon Battista 64
Alltagskultur 52, 85, 91
Augmented Reality . 57, 67, 68, 69, 78
Ausvisualisieren 20
Bauhaus 63, 79, 122, 123, 127
Belting, Hans 11, 18, 26, 27, 97, 101, 104, 126
Benjamin, Walter 16, 19, 111
Bilddatenbank 4
Bildinhalt 35, 37, 39, 44, 45, 46, 47, 48, 49, 89, 98, 117
Bildmedium 3, 16, 17, 19, 23, 26, 110
Bildrezeption 86, 88, 94
Bildsystem 18
Bildtheorie 13, 18, 20, 24, 35

Bildträger 15, 22, 23, 35, 46, 47, 48, 49, 58, 64, 77, 98, 105
Bildwissenschaft 3, 7, 11, 12, 13, 14, 15, 17, 18, 20, 24, 26, 27, 28, 34, 38, 54, 104, 119
Blick 7, 37, 38, 39, 57, 58, 60, 62, 64, 66, 67, 69, 74, 75, 78, 106, 121, 145
Boehm, Gottfried 3, 11
Böhme, Hartmut 97, 98, 100
Bourdieu, Pierre 88, 89, 91, 101
Brin, Sergej 58
Brock, Bazon 37
Camera Obscura 17
CGI 18
Chalmers, David 41, 42, 52
Code 45, 46, 49

Computer 18, 19, 20, 21, 34, 35, 40, 41, 42, 43, 44, 45, 46, 48, 50, 51, 52, 59, 63, 80, 95, 96, 98, 99, 100, 113, 144, 145, 156, 157, 158
Cyberspace 5, 34, 53, 66, 68, 77
Darstellung 18, 20, 36, 38, 39, 40, 43, 44, 45, 46, 47, 48, 49, 50, 66, 115, 147
Dialog 11, 13, 40, 41, 65
direct manipulation 45
Display 18, 19, 20, 21, 22, 23, 25, 42, 60, 63, 86, 106, 109
Distanz 38, 140, 144
Dubois, Philippe 95, 101
Ego-Shooter 18, 70
Erkenntnistheorie 25
Erlebnis 94, 95, 96
Externalisierung 73
Facebook 5, 21, 62, 72, 105, 112, 115, 116, 117, 119, 121, 158
Fotoalbum 89, 90, 91, 93, 94, 96, 97, 99, 100, 155, 157, 158
Foto-App 112
Fotobuch 87, 89, 93, 94, 96, 97, 99, 100, 157, 158
Fotografie 3, 6, 13, 15, 16, 17, 18, 19, 22, 23, 27, 47, 48, 57, 67, 79, 85, 86, 87, 88, 89, 90, 94, 95, 96, 98, 100, 101, 102, 103, 104, 105, 106, 108, 109, 110, 112, 113, 114, 118, 119, 120, 121, 122, 123, 124, 125, 126, 127, 153, 154, 155, 156, 158
Fotoplattform 120
Gleichzeitigkeit 67, 94, 99
Google Glass 7, 57, 58, 59, 60, 61, 62, 64, 67, 69, 70, 72, 73, 74, 75, 76, 77, 78, 80, 119, 124, 126
Graphical User Interface 20

Hardware 4, 20, 21, 72
Head-Up-Display 61, 78
Husserl, Edmund 53
Immaterialität 86
Immersion 19, 27, 66
Information 20, 21, 22, 23, 24, 26, 59, 65, 74
Informationstheorie 20
Instagram 92, 101, 105, 106, 112, 118, 119, 120, 121, 122, 123, 125, 126, 157, 158
Interaktion 3, 34, 35, 36, 37, 38, 40, 41, 42, 44, 45, 46, 47, 50, 51, 52, 53, 63, 68, 80, 144
Interaktivität 6, 34, 35, 37, 38, 40, 41, 44, 45, 46, 49, 50, 51, 52, 53
Internalisierung 42, 73
Jobs, Steve 63, 64, 80
Kontrolle 18, 36, 45, 92, 100
Kopplung 41, 43, 44
Kunstgeschichte 3, 5, 12, 14, 15, 64, 68, 79
Kunstwissenschaft 3, 12, 27, 134, 135, 148, 149
Latenz 18
Leonardo da Vinci 64
Malerei 3, 12, 15, 19, 37, 64, 66, 77, 111
McLuhan, Marshall 4, 16
Mediensystem 24, 26
Medium 4, 15, 16, 17, 19, 20, 21, 22, 23, 24, 26, 34, 38, 54, 57, 62, 72, 73, 103, 104, 109, 114, 115, 119, 124
Metathalamus 21, 25
Moholy-Nagy, Laszlo 122
Multi-touch 63
Nake, Frieder 20, 45, 46

Negroponte, Nicholas 52, 54
Neues Sehen 123
Panofsky, Erwin 25
Phänomen, visuelles 22, 24, 26
Piero della Francesca 68
Postdigitalität 51, 52
Reproduktionsgrafik 3, 15
Retina 21, 25
Rezipient 26
Ritual 96
Schichtenmodell 24, 25, 26
Schlüsselfotografie 117, 118, 124
Schnittstelle 20, 59, 62, 73
Science-Fiction 69
Smartphone 6, 21, 43, 58, 59, 60, 72, 73, 74, 75, 76, 77, 86, 98, 105, 106, 107, 108, 109, 110, 111, 112, 113, 114, 119, 120, 121, 124, 126, 157

Smartphone-Fotografie 105, 108, 110, 120
Software 50, 59, 69, 71, 72, 78, 87, 99
Sprachsteuerung 58, 59, 75
Tafelbild 12, 15, 22
Talbot, William Henry Fox 103
Touchscreen 63, 64, 79
User 18, 36, 38, 40, 42, 43, 44, 45, 46, 47, 50, 62, 68, 72, 120, 139
Vertrauen 140, 142, 143, 144, 147
Virtual Reality 66, 79
Visuelles Phänomen 24, 26
Von-Neumann-Rechner 21, 24
Warhol, Andy 131, 149
Wechselseitigkeit 40, 41, 44, 47, 50
Wiesing, Lambert 13, 14, 47, 64

www.ingramcontent.com/pod-product-compliance
Lightning Source LLC
Chambersburg PA
CBHW082204220526
45470CB00010B/3043